Theodor Lessing

Nietzsche

Essay

Copyright © Reese Verlag, Lothar Reese, Hannover
1. Auflage im Oktober 2015

Herstellung und Druck:
Siehe Eindruck auf der letzten Seite

Sie finden uns im Internet unter
http://www.mediareese.de
Buchcover: © Erol Loreart © Bildmaterial: Porträt Friedrich
Nietzsches, 1882; Das zugrunde liegende Original stammt
aus einer Serie von 5 Profilfotographien des Naumburger
Fotographen Gustav-Adolf Schultze, Anfang September
1882.
Alle Rechte vorbehalten.
Bibliografische Information der Deutschen
Nationalbibliothek: Die Deutsche Nationalbibliothek
verzeichnet diese Publikation in der Deutschen
Nationalbibliografie; detaillierte Daten sind im Internet über
http://dnb.dnb.de abrufbar.

ISBN-13: 978-3-95980-032-7

RV

INHALT

Einleitung: Hintergrund

Die Zeit hatte Petri Felsen unterhöhlt. Die Bildungsmenschheit löste sich auf. Noch schuf das katholische Christentum eine alle weißen Menschen verbindende Atemluft. Aber immer klarer schon ward es: Die Religion der Liebe kittet keine Gemeinschaft. Sie liebt nicht die Blumen. Sie mißachtet die Tiere. Sie kümmert sich nicht um Wolke und Wind. Sie verdrängt die große nichteuropäische Völkermasse, die man „Heiden" nannte. Und so zerfiel der Bund der weißen Rasse in Galle und Träne. In Widerspruch und Streit. Einzelne gegen Einzelne ...

Luthers starke Hand führte den ersten Streich. „Warum soll ich der Kirche gehorchen?" rief der trotzige Sachse. „Ich, der ich selber Gottes Stimme im Gewissen trage? Kommt es an auf Werke? Nein! Auf Gesinnung, auf Glaube, daraus Werke entsprießen. Das Maß aber, nach welchem der immerwache Richter seine Urteile fällt, das Maß bin Ich: Das geistige Selbst! ..." Um 1500 ward der protestantische Mensch geboren. Jener nordische Mensch, der unter dem kühleren, nüchternen Himmel ganz sich stellte auf seines sittlichen Willens wacheste Bewußtheit. Nicht mehr Träumer wie der Slawe. Nicht mehr Bildner wie der Lateiner. Vernünftelnde Geistigkeit siegte. Und was Luther begonnen hatte (die Loslösung des Menschen aus traumhaft vorbewußtem Element), das vollendete um 1800 Immanuel Kant. Denn Kant, unser zweiter Luther, verkündete: „Ich selber mache die Natur. Ein transzendentaler Geist ist es, der die Natur trägt und ihr Gesetze vorschreibt." Von nun ab, unaufhaltbar, vollzog sich die Auflösung. Die Relativierung unseres Wissens; die Atomisierung unserer Arbeit; die Funktionalisierung der Gestalt. Dies war der Fortschritt zum europäischen Nihilismus.

Dieser Vorgang der Verselbständigung des Geistes und des Dinglich- oder Gegenständlichwerdens aller Lebensnatur, die große Loslösung: Hie Mensch — Hie Welt, sie gipfelte schließlich in den unerhörten Querköpfigkeiten der deutschen Philosophie. In den fast irrsinnigen Begriffsungetümen Hegels, Kierkegaards, Fichtes, Feuerbachs, Stirners. Diese unentwegten Anarchisten Europas verkündeten schließlich eine Eigenherrlichkeit des menschlichen Selbst. Nun gab es kein Seiendes mehr, es sei denn ein Bewußtsein. Keine Werte mehr, es seien denn Persönlichkeitswerte. Und alles Seiende, alles Persönliche war: Geist. Am Geiste schwand das Leben dahin, wie die Flamme alle Gestalt vernichtet, wenn sie, die allein belebende, erst einmal heraustritt aus der Kette der schönen Gebilde und blindwütig, feindgeworden ihr gegenübertritt ...

Dies war das Ergebnis von zwei Jahrtausend christlicher Weltgeschichte. An ihrem Ende (den Wahn dieser „Weltgeschichte" auf den Gipfel treibend, aber damit auch den Geschichtsprozeß vernichtend) erscheint Friedrich Nietzsche. Zugleich der letzte in der großen Reihe germanisch-protestantischer Anarchisten des Geistes, zugleich der erste, welcher eine Morgenröte entzündete, die weit hinausbricht über die Grenzen kaukasischer Bildungsmenschheit, weit hinaus auch über die Grenze unseres kleinen Deutschland ... Wunderlicher Zwiespalt des Menschen! Aus geballter Enge kommen erlösende Stürme. Aus evangelischen Schulhäusern Zersetzer des Christentums. Sie wurzeln in der überlieferten klassischen Bildung, welche aufbaut auf dem erträumten Griechenland, dem nie gewesenen. Feinster Erfüller dieser Bildung ist Nietzsche. Und sprengte doch die Pforte zu anderem Bereich. Denn alles Leben sucht sein Gegenich und brennt wie nach Macht, so nach Erlösung.

Treten wir ein in ungeheures Schicksal. In das Schicksal der tragischen Seele, die alles, was sie liebt, und zuletzt sich selbst opfern muß. Aus gewohnheitbedingtestem Kreise der Erde, dem deutschen Bürgertum, wuchs der Zertrümmerer alles Gewohnten. Aus züchtigster Gebundenheit stieg der Umwerter aller Werte. Aus christlichem Mythos der Antichrist.

Die Jugend

Wo gibt es mißbrauchteres, ausgeödeteres Land als die Felder Sachsens? In dichtbevölkerten, vom Kohlenrauch verhüllten Ebenen liegen Dörfer, die nicht mehr Landschaft und noch nicht Stadt geworden sind. Rübenfelder, Kartoffelfelder, Nutzwiesen. Zwischen Schloten steht spärlicher Nadelwald. Aber an den städteverbindenden Landstraßen wächst Deutschlands schönster Baum: die Birke. Blond wie das Flachshaar der norddeutschen Kinder. Zart wie die kleinen Konfirmanden, die in den Dörfern zur Kirche gehen. Sie, die das lieblichste Laub trägt und die verletzlichste Rinde hat, aber doch noch Wurzeln schlägt in jeden Steinhaufen, in jede Gefängnismauer ... In einem der kleinsten Dörfer in der Umgebung Leipzigs, in Röcken bei Lützen, wurde Friedrich Wilhelm Nietzsche geboren. Am 15. Oktober 1844. Sein Vater war Pfarrer. Auch dessen Vater war Pfarrer gewesen und mit einer Pfarrerstochter verheiratet. Die Mutter Nietzsches, eine geborene Oehler, stammte ebenfalls aus freigesinntem Pfarrhaus. Sie war vierundzwanzig Jahre alt, als ihr Mann starb. Mit ihren beiden kleinen Kindern, Fritz und Elisabeth, übersiedelte sie in das reizende Naumburg, wo ihre Schwiegermutter lebte und deren Schwestern. Unter der Obhut all dieser Frauen erwuchs der zarte Knabe zum musterhaft sittsamen Jüngling. Bei Regenwetter einmal kommt er manierlich langsam von der Schule. Großmutter tadelt, daß er sich naßregnen lasse, aber der künftige Weltumwerter erwidert: „Paragraph drei des Schulreglements schreibt vor: ‚Die Kinder haben auf dem Weg nach Hause eines gesitteten Ganges sich zu befleißigen'." — Welch' Knabe nach dem Herzen der Lehrer! Der Leiter der benachbarten Erziehungsanstalt Schulpforta bietet der Witwe eine Freistelle an. Und so wird Friedrich Nietzsche Schüler seiner geliebten Pforta; von 1858 bis 1864. Seine Entwicklung auf der berühmten Musterschule verläuft im edelsten Sinn regelrecht. Er blüht heran ohne Kampf und Reibung. Das poetische, musikalische, philosophische Talent erwachen früh. Verständnisvolle und tüchtige Lehrer sehen es. Sie bereiten dem Knaben kein Hindernis. Auch die Mitschüler lieben den feinen, sinnigen Kameraden. Als er zwanzig Jahre alt ist, bezieht er die Universität Bonn. Schon damals besitzt er die ausgedehnteste philologisch-literarische Bildung. Er war ein blumenhaft reiner, junger Mensch, wie aus der Welt Adalbert Stifters. In ihm lebte nichts Aufrührerisches, nichts Zersetzendes. Er schließt sich vertrauend und froh empfangend an die berühmten akademischen Lehrer jener Zeit. Zugleich wird er Mitglied der Burschenschaft

Frankonia. So scheint es festzustehen: dieser reine und reinliche Jüngling wird lernen, lesen, arbeiten, wird die „akademische Karriere" einschlagen und „grundlegende, wissenschaftliche Bücher" schreiben. Nebenher wird er heiraten und ein angesehenes, musterhaftes Haus gründen. Ihn trug die selbstgerechteste Gesellschaft Europas: das liberale Bürgervolk, das Korpsstudententum, die Gelehrtenrepublik, die akademische Bildung. Sie sahen alle in dem prachtvollen Jüngling ihre bestgeratene Bestätigung. Und der alte Philologe Ritschl, dem der junge Nietzsche als Lieblingsschüler von Bonn nach Leipzig folgte, hatte recht einen Narren gefressen an dem edelbescheidenen Jünger, der eine schwere philologische Preisaufgabe mit tiefer Gelehrsamkeit löste, und seitdem als die geheime Hoffnung der niedergehenden klassischen Wissenschaft galt. 1867 bis 1868 genügte der Student seiner Dienstpflicht als Soldat in Naumburg. Auch das geschah gern, und ohne Widerspruch zu der wohlgefügten, geordneten Welt, in der er groß wuchs. Zwischendurch begann er sich vorzubereiten zur Doktorprüfung, dachte wohl auch schon an die Habilitierung als klassischer Philolog. Aber noch ehe seine Arbeiten beendet waren, überraschte den erst Vierundzwanzigjährigen die Nachricht, daß er zum ordentlichen Professor in Basel ernannt worden sei. Der alte Ritschl hatte bei der Wiederbesetzung einer freigewordenen Stelle den Lieblingsschüler so warm empfohlen, daß der Senat der Stadt großzügig beschloß, ihn zu berufen, noch ehe die Doktorprüfung gemacht war. Wahrlich ein leichter Aufstieg! Im Sturmschritt flog er auf jene Höhe der Fachgeltung, welche die Gefährten seiner Jugend, die Genossen der Studienjahre, die Kollegen der Amtsjahre nur langsam erklommen, Schritt um Schritt: Paul Deussen, der Indologe; Erwin Rohde, der Gräzist; Jakob Burckhardt, einer der besten Kultur- und Kunsthistoriker; Franz Overbeck, einer der klügsten Theologen. In deren geistig hochgestimmtem Umkreis wuchs Nietzsche groß. Er wäre weitergewachsen zum allgemein anerkannten Stern ersten Ranges, der in den Nachschlagebüchern der Zeit verewigt steht und ein, zwei Geschlechter lang als gültig angesprochen wird, wenn nicht, ja, wenn nicht schweres Schicksal ihn getroffen hätte: Krankheit, Verzweiflung, Einsamkeit, die große Pflugschar, die den jungfräulichen Boden aufriß. Und in die Furchen schossen Keime der Befreiung.

Die Befreier

Wer streute die Saat? Wer segnete die Scholle? Irgendwo war ihm aufgestoßen der Name Arthur Schopenhauer. Wahrscheinlich in Albert Langes „Geschichte des Materialismus", einem Buch, aus welchem grüblerische Jünglinge jener Tage gern ihre ersten Weltformeln zu schöpfen pflegten. Dort hatte er die Grundbegriffe der sogenannten kritischen oder idealistischen Philosophie kennengelernt. Und in diese Philosophie fand er auch eingereiht jenen einsamen Frankfurter Weisen — eigenwillig, abweisend, unzugänglich —, welchen zwei Menschenalter als Vollender Kants ehren lernten, bis endlich unser Geschlecht ihn als Erlöser von Kant, ja von der gesamten deutschen Begriffsphilosophie richtiger schauen lernte; als Befreier vom Formalismus des Geistes, als den ersten, der zurückführte ins alte Paradies vorbuddhistischer Urwelt ... Es waren keineswegs Gedanken, die den jungen Philologen umwarfen. Ihn überraschte der Anblick des nicht zünftigen Genius. Zum erstenmal sah er den Denker, der mehr als nur Denker ist. Der aus eigenster Naturquelle treuherzig schöpfend alles das vermied, ja alles das verwarf, was Nietzsches Jugend als Wissenschaft und Kultur war angepriesen worden. Indem der Werdende eintrat in den klar besonnten Äther dieses Denkens, indem die Ruhe, Reife, Milde dieses väterlichen Äthers ihn umfing, da tastete er sich heim zur eigensten Seele; da entdeckte er endlich ... Sich. Dieser Schopenhauer war ja kein Philosoph wie die berühmten Akademiker, kein Begriffsmeister, Besserwisser, Richtigsteller (denn die Größe des Menschen wird nicht nur bestimmt von Umfang oder Richtigkeit seiner Erkenntnis, nein, auch von seiner Grenze und von der Tiefe seines Irrtums). Dies war ein Mensch! Ein Mensch ohne „philosophische Probleme". Aber voller Lebens - ach und -weh, mit dem er rang auf Tod und Leben. Sich selber darbietend, Richter zugleich und Opfer. Und mitten in aller Hingegebenheit an das Schauen des Lebendigen, dennoch befähigt, die Glutströme des Herzens gerinnen zu lassen zu starren Eiskristallen des Begriffs, gerinnen zu lassen unter dem Strahl der Besonnenheit. Schopenhauers Philosophie war für Nietzsche nicht etwa nur eine neue Welterläuterung neben anderen. Er trat vor ein Schicksal. Er begriff, daß auch Philosophie Schicksal sein kann. Denn um dies Weltbild zu schaffen, dazu war es nicht nötig, zwanzig Jahre lang an deutschen Universitäten Begriffe zu ackern. Nein! Man mußte dazu als dieser Mensch geboren sein. Und so kam es auch für die Jünger nicht darauf an, gleicher Meinung zu werden. Von der ersten Stunde seiner Bekanntschaft mit Schopenhauer las Nietzsche

„Die Welt als Wille und Vorstellung" kritisch. Ja, er verfertigte Verzeichnisse, in die er alle Widersprüche des Lehrers eintrug. Aber — obwohl somit das Weltbild seines eigenen Geistes sich fortentwickelte in beständiger Reibung und in Widerspruch gegen Schopenhauers herrische Dogmatik (bis die neue Lehre just der Gegenpol der Schopenhauerschen geworden war), ... die Ehrfurcht vor dem Genius, die Bewunderung seiner Eigenheit und Ehrlichkeit erstarb in Nietzsche nie. Fragt doch auch Liebe nicht danach, ob derjenige den wir lieben, recht hat oder unrecht...

Schon vor zwanzig Jahren, in meinem Jugendwerk: „Schopenhauer—Wagner—Nietzsche", führte ich den Nachweis, daß Nietzsches wesentliche Kerngedanken (der Gedanke des „Willen zur Macht", die Psychologie des „ressentiment", der Gedanke der „Ewigen Wiederkehr", das Ideal des „Übermenschen", ja sogar das Wort „Übermensch") ursprünglich hafteten an Schopenhauers Gestalt und dann allmählich erst, im Fortschreiten zu krasser, oft krampfhafter Selbstbewertung sich mit genau entgegengesetzten Inhalten erfüllten: widerchristlich, gegenbuddhistisch, anti- schopenhauerisch. Und doch blieb Schopenhauers Person die Liebe seines Lebens und der Trost seiner Einsamkeit. Denn jede schöpferische Seele muß untertauchen in Liebe, bevor ihr eigenster Dämon sich verkörpern kann. Dieser Hingabe ist es nicht wesentlich, ob die Persönlichkeit, die wir erhöhend begreifen, in der Erfahrungswirklichkeit das ist, was wir uns daraus machen. So ergriff Plato den Sokrates. So Schopenhauer den Kant. So Nietzsche den Schopenhauer. Das ist Schöpfer- und Künstlertum. Wer liebt, liebt niemals den in Zeit und Raum beschränkten, immerbedürftigen Menschen. Er liebt ihn hin auf das göttliche Ideal, darauf gerade dieser angelegt ist. Er liebt aus ihm heraus die Idee, welche unter den Hemmungen der Stofflichkeit immer nur teilweise und mangelhaft hervortritt. Dies also war die erste große Liebe, die der junge Nietzsche erfuhr. Was aber war sie gegen die zweite? Als neben den verstorbenen philosophischen Genius der noch im Leben wandelnde Prophet der künstlerischen Romantik trat, als Richard Wagner ihm begegnete?! Von der ersten Stunde an, wo der junge Student mit dem Neuschöpfer der Oper zusammentraf und musizieren durfte (es geschah in Leipzig, im Hause der Schwester Wagners), da verfiel er dem verzaubernden Bann, dem wohl alle verfallen, die mit Wagners Person oder Werk je ernstlich bekannt werden. Alles was Jugend ersehnen kann, schien in Wagner verkörpert. Denn Wagner war unendliche Lebenskraft, unendliche Möglichkeit, unendliche Melodie. Dieser unbegrenzte Mensch, ungeheuer eigenbezüglich, ungeheuer siegeswillig, ungeheuer aufsaugend, warf um durch sein bloßes Dasein. Daß der junge Nietzsche ihm gegenüber nicht wählerisch sein konnte, war ebenso sicher wie das andere: daß, falls einmal Enttäuschung ihn anwehte, er sich für die kritiklose Hingabe und schrankenlose Verschreibung seiner Jugend rächen mußte, ebenso maßlos und ungerecht, wie er Wagners Erscheinung zum Gipfel der gesamten deutschen Geschichte vergottete. Nietzsche war ein noch völlig unirdischer, vom Himmel kommender, in Wolken schwebender Jüngling; Wagner war der Mann, der wohl irgendwie in dunkler Erde Wurzel hatte, seinerseits aber sich losreißen und zur Unermeßlichkeit des Geistes emporschweben wollte. So begegneten sich damals Mann und Jüngling auf halbem Wege und glaubten, sie stünden im selben Punkt. Erst als sie weiterschritten, als Nietzsche vom Abstrakten und Romantischen hinweg zu fester, oft überscharfer Klarheit fortstrebte, Wagner dagegen von aller bestimmten Tatsachenwirklichkeit hinfort ins Nebulöse verirrte, da wurde grausam der Irrtum klar, und gewiß: der Gegensatz der Naturen. Aber sehr lange dauerte es, bis die Erkenntnis durchbrach. Das Auf und Ab dieser Freundschaft wurde Nietzsches erziehende Offenbarung. Anbetung und Ernüchterung, das waren die bestimmenden Pole. Indem der wirkliche Wagner mit all seiner bodenlosen Selbstüberredung rücksichtslos und nachdrücklich in Nietzsches stilles Leben trat und ihm Weggenosse wurde, erwachte in dem treu hingegebenen, ehrfürchtigen Schwärmer zum ersten Male langsam, langsam der prüfende Zergliederer. Der Widerspruch seines ungeheuren jugendlichen Seelenrauschs mit dem, was er am wirklichen Wagner und seinen Jüngern erlebte, dieses Ernüchtertwerden mitten im Bacchanal, brachte die erste große Erschütterung in Nietzsches bis dahin völlig leidloses Leben. Aus ihr ging der spätere Nietzsche hervor, der alles zersetzende ... Durch Schopenhauer und Wagner also kam er langsam zu sich selber. Der Höhe des dreißigsten Jahrs entgegen reifend, kannte er somit drei Elemente: die angestammte Wissenschaft vom geträumten Griechenland, das Wagnersche Musikdrama und die Schopenhauersche Metaphysik. Aus diesen drei Wurzeln wuchs ihm nun sein erstes Lebenswerk zu. Noch nicht Notausgang leidender Erfahrung. Noch naiver Ausdruck jünglinghaften Überschwangs. Und somit wohl das schönste Schwärmerbuch aller Zeiten. Es führt den langatmigen Titel:

„Die-Geburt der Tragödie aus dem Geiste der Musik". Er schrieb es als Professor der klassischen Philologie in Basel. Im benachbarten Luzern, in Triebschen, unter den Gipfeln am Vierwaldstätter See hielt damals Richard Wagner Hof. An festlichen Tagen sammelte sich dort zu Frohgelagen der Gottheit der adeligste Kreis hochgesinnter Menschen. Sie ehrten Schopenhauer als Privatheiligen und seinen Geburtstag feierten sie mit rotem Wein. Die Gläser, daraus sie tranken, schleuderten sie gegen den Stein. Damals stand Nietzsche auf der Höhe der Fahrt. Selbstlos, anschmiegsam, vornehm, zart. Hingegeben an das Männlich-Heroische, weil er auf der Hut stand vor dem Empfindsamen der eigenen Seele. Dabei fortdauernd betreut und wohl auch ein wenig bemuttert von kluglächelnden, ahnenden und verliebten Frauen.

Die Geburt der Tragödie

Kommenden Geschlechtern bleibt es Vorbehalten, dem merkwürdigen Zusammenhang zwischen deutscher Geschichtswirklichkeit und klassischem Ideal nachzuspüren. Denn wie überall das Ideal, an das geglaubt wird, sich zuletzt an denen, die es glauben, auch verleiblichen muß, so hat der Umstand, daß die hellenische Geschichte Mittelpunkt unserer gesamten Geistesbildung war, schließlich dahin führen müssen, daß die deutsche Kulturwirklichkeit fast die Wiederholung der altgriechischen wurde. Auf der Höhe der griechischen Bildung erscheint Sokrates, der Begriffsmeister. Er endet die mythische Zeit. So erscheint bei uns, das Ende der christlichen Jahrhunderte kündend, der „alles zermalmende" Kant. Wie aber an Sokrates die drei sokratischen Schulen, die drei Wertschulen anknüpften, die logische, ethische, ästhetische (Euklid, Anthistenes, Aristipp), eine die andere bekämpfend, so bei uns an Kant: die Hegelsche Dialektik, die Fichtesche Moralistik und Schellings Romantische Naturphilosophie. Nur ein einziger Jünger des Sokrates ging abseits, Feind allen drei Schulen, und die Historie vom Sokrates zum neuen Mythos umdichtend: Plato. Ihm entspricht bei uns Schopenhauer. Was aber späterhin Plotin für Plato getan hat, das hat Nietzsches Schriftstellerei für das Weltbild seines Meisters Schopenhauer geleistet.

Das Verfahren des jungen Nietzsche war einfach. Aus Schopenhauers Lehre war der Zwiespalt: Wille und Vorstellung, allgeläufig geworden. Das Gegenspiel unbewußter Traum- und Triebwelt und wach bewußter raumzeitlicher Bewußtseinswirklichkeit. Aus den Vorlesungen und Gesprächen des neuen Baseler Kollegen Jakob Burckhardt trat Nietzsche der weitere Gedanke entgegen, daß man griechische Kulturgeschichte wohl auffassen könne als Wettstreit von Asien und Europa, indem aus dem Morgenlande immer wieder neue naturmythische, orgiastische, religiöse Kulte eingeströmt waren (wie die Eleusinischen Mysterien und die Feste des Dionysos, von der orphischen Urzeit an bis zu unausrottbaren phallischen Freuden der Spätzeit). Dem entgegen arbeitete Europa, arbeitete des Abendlandes klarer Geist, versinnlicht in der hellen Luft Homers und in der klugen Streitkunst (Eristik) und Begriffstüftelei (Sophistik) sokratischen Menschentums. Einmal aber verschwand dieser Streit und Widerstreit. Einmal gelang das Vollkommene. Die Harmonie von Tag und Traum. Die Versöhnung „ungenaturter" und „genaturter" Natur. Das war im perikleischen Zeitalter. Auf der Höhe der Plastik und der Tragödie. Damals ward Wirklichkeit der Kanon der großen Dreiheit, der tragischen: Äschylos, Sophokles, Euripides; der bildnerischen: Phidias, Praxiteles, Lysipp. — Dies war Nietzsches Grundriß. Er wurde mit zahllosen Lichtern ausgefüllt. Er fußte auf der Tatsache, daß die griechische Geschichte erfüllt ist vom Doppelkulte des Apollo und des Dionysos. Bald nacheinander, bald auch nebeneinander. Zwanglos ergab sich die Gleichläufigkeit. Zeigt denn nicht auch deutsche Geschichte überall den Widerstreit der zwei Urgewalten? Kehrt nicht in jeder deutschen Seele ihr Gegensatz wieder? Hie Musik — Hie Grübelei. Hie Romanismus — Hie Gotik. Was willst du wählen? Natürliches oder Sittliches? Geschlecht oder Geist? Weib oder Mann? Traum oder Tag? Romantik oder Klassik? ... Ach, auf wie viele uns allen vertraute Formeln ließ sich dieser höchst einfache, metaphysisch bedingte Urgegensatz bringen. Und wie in Griechenland zuletzt die Versöhnung gelang im großen Zeitalter der Tragiker und Plastiker, damals, als das verstandesgeformte und gestaltenschöne Wortdrama herausgeboren wurde aus dem ursprünglichen, naturhaften, vorbewußten Rhythmenstrom des Tanzrausches, damals, als die Dichtung der Musik entstieg, und der Geist sich entband aus dem Melos; warum sollte so nicht auch in Deutschland das hohe Wunder gelingen? Warum sollte nicht deutsche Musik von Bach bis Beethoven schließlich dem Wort, dem Geist, dem Wissen sich versöhnen? Wie das geschehen mußte? Es lag auf der Hand. Richard Wagner war erschienen. Sein ungeheures Kunstwerk der Zukunft, den altgermanischen Mythos erneuernd, sein Theater im Herzen Deutschlands, im Frankenlande, dieses Weihespiel germanischer Volksseele und Gemeinschaftsseele, diese Verschmelzung von Rhythmik und Harmonie, von Tanz, Musik, Plastik, Malerei, Dichtung, Philosophie, diese endliche Erlösung der unendlichen Seele, war dieser Zukunftstraum nicht schon auf dem Wege zur Verwirklichung?! Wohl! Auch Schopenhauer hatte gelehrt, die Musik sei die unmittelbare Sprache des Metaphysischen. Aber die Szenen und Worte des Schauspiels, die aus dem Strome der Musik emporsteigen, wie Vorstellungen aus dem Abgrund dunklen Gefühls, diese Gesichte sind das metaphysische Ich noch einmal, versinnlicht für das Bewußtsein ... Wagners Werk und Ziel hatte durch den jungen Nietzsche somit Formeln gefunden. Sie verwoben Wagners Lebenszeitpunkt mit den Müttern der Welt. Wagner war von da ab die Tat von Nietzsches Gedanken. Nietzsche nichts anderes als ein Künder der mit Wagner beginnenden deutschen Erneuerung. Beide schienen eng und auf immer aneinander geknüpft. Denn nie ist ein Kunstwerk schöner in Geist und Wissen verfestigt worden. Die verfeinertste Wissenschaft; klassische Philologie, deutsche Philosophie und deutsche Musik, sie waren nun verschmolzen. Und dieses junge Wahrsagerwerk war aus einer strahlenden, glücklichen Lenzzeit hervorgebrochen, so organisch und gleichmäßig, wie damals aus Wagners Seele im großen, rollenden Strom der Tristan brach. Hier verkündete sich wirklich eine neue Blüte deutscher Seele. Da stürzte das Traumgebäude jäh zusammen. Fachgenossen verspotteten den Schwärmer. Die Zeit aber rief nach anderer Tat. Der

Deutsch-Französische Krieg brach los. Der Bruderkrieg auf Leben und Tod.

Das neue Reich (1870)

Wer kann sich seinem Volke entziehen? Der Menschenfeind kann es. Schopenhauer, der inmitten der begeisterten Freiheitskämpfe gegen Bonaparte die Freiheitshelden verlacht als die „dezidiert dümmsten aller Menschen". Der reife Weise kann es. Goethe, der Revolutionen und Kriege vorüberrauschen läßt und sich nicht dareinmischt, wie man vom Fenster aus zusieht, daß die Knaben sich prügeln auf der Straße, und nicht versucht ist, dabei mitzutun. Der junge Nietzsche war noch nicht weise, noch nicht Menschenfeind. Handelte es sich doch - um das Schicksal seines Volkes, dem er soeben sich als Zukunftsherold zugeschworen, als dessen Prophet er zu fühlen begonnen hatte. Er zog also mit; wenn auch nicht als Soldat, der Wunden schlägt, so doch als freiwilliger Pfleger, der Wunden verbinden will. Damit kommt für sein strahlendes Leben die Wende. Von nun an treibt es Schritt um Schritt in Fraglichkeit und Gefährnis. Zunächst holte er sich bei Krankenbeförderungen her und hin über den Rhein die ersten Keime der späteren Krankheit. Sodann wurde unter der Feuertaufe der Knabe zum Wissenden, der Schwärmer zum Zweifler. Und wie nun siegreich das neue Reich erstand, wie alle schwelgten in Selbstgerechtigkeit und im Wahn, das erlesene Führervolk Europas zu sein, da floh Nietzsches Herz zu den Unterlegenen, suchten seine Gedanken zeitfremde Ziele, bald aus individualistischen, bald aus übervölkischem Ethos. Immer weiter fühlte er sich zurückgestoßen von Zeit und Zeitgenossen, bis er schließlich statt Verkünder des neuen Deutschland der Feind des neuen Reiches war. Der „große Unzeitgemäße", welcher Kampf ansagte nahezu allen führenden Personen und Kräften unserer Bildung Philologie, Pädagogik, Geschichtschreibung, Theologie, Wirtschaftslehre, Technik, Staatskunst. Seine Jugendgenossen, seine Lehrer, seine Amtsgenossen wurden ihm fremd und fremder. Seine Nächsten, zumal Mutter, Schwester und Schwager, wurden ihm die Fernsten. Am längsten, bis 1876 etwa, hielt sein Glaube vor an Wagners Zukunftswerk. Aber seit 1871 begannen schon jene zeitkritischen Aufzeichnungen, mit denen er als erster die Morschheit des neuen Deutschlands betastete.

Jetzt kam die Zeit, wo Potsdam Weimar verdrängte. Sah man jemals solche Verameisung der deutschen Menschen? Nun wehte über allen deutschen Wäldern die Triumphflagge der neuen Zeit: der Rauch aus den Schloten der industriellen Gründer. Deutschland wurde Markt und Fabrik. In allen deutschen Städten riß man unfromm nieder die schönen Bauten der Vorfahren und ersetzte sie durch die lügenhaften Protzenburgen des Komforts und Amerikanismus: unecht, prahlerisch, dekorativ. Die zahllosen Kriegerdenkmäler auf unsern öffentlichen Plätzen, die abscheulichen Straßen aus Backstein mit vergoldetem Gips, die Stuckfassaden im falschen Renaissancestil, die riesigen, leeren Wandgemälde der Werner, Kaulbach, Makart, Piloty, die Büchermasse der Epigonen, der Wissenschaftsbetrieb im großen, Maschinenwelt und unwahre Romantik ineinander gemischt, Kasernenhöfe und Schulen und selbst der grauenhafte Prunk unserer Kirchhöfe, ach! alles, alles zeugt noch heute vom raschen Untergang jenes alten Deutschlands, darin Goethe, Schopenhauer, Mozart blühten. Nietzsche kehrte sich ab. Es war wie Genugtuung für das besiegte Frankreich, daß Deutschlands edelster Denker das französische Schrifttum dem nordischen vorzog. Auch gegen deutsche Musik wurde er mißtrauisch. Bellini, Rossini, Verdi lockten zurück. Taine und Stendhal wurden ihm Erlebnis. Die französischen Aphoristiker galten ihm als Vorbilder gepflegten Stils. Sein erstes selbständiges Buch widmete er Voltaire. Und wie zum Trotz gegen den nebulösen Teutonismus seiner Umgebung bevorzugte er (eigentlich als einziger) die damals noch elementbewegte jüdische Geistigkeit. Bizet, Offenbach, Heine. Ja, ein paar jüdische Literaten, heimatlos ohne Landschaft, Sigfried Lipiner und Paul Ree, wurden ihm an der Schwelle dieses Lebensabschnittes, den er oft halb ernst, halb spöttisch seinen Réealismus zu nennen liebte, wegweisend und augenöffnend. Zunächst aber gerät er in siebenjährigen Krieg mit der Welt. Der dauerte von 1871 bis 1878.

Die Unzeitgemäßen Betrachtungen

Von den „Unzeitgemäßen Betrachtungen", welche Nietzsche in diesem Zeitabschnitt halber Gebundenheit, halber Loslösung in unaufhörlicher Spürarbeit zu schaffen plante, sind nur vier zur Ausführung gekommen. Sie zeigen seine antikisierende Sprachkunst auf der Höhe ihrer reifen Meisterschaft. Merkwürdig aber ist es, daß die beiden ersten „David Friedrich Strauß, der Bekenner und Schriftsteller" (1873) und „Vom Nutzen und Nachteil der Historie für das

Leben" (1874), obwohl sie nur verneinender Natur sind, doch ausgewogener und großzügiger gerieten als die beiden bejahenden „Schopenhauer als Erzieher" (1874) und „Richard Wagner in Bayreuth" (1876); darum wohl, weil diese beiden letzten schon mit geteiltem Herzen geschrieben wurden, in einer Zeit, wo Nietzsche bereits begonnen hat, gerade das anzuzweifeln, was er noch einmal mit dem Abendrot seiner sinkenden Jugendliebe beglänzte ... Weitaus die wichtigste dieser Schriften,und eine der besten Schriften Nietzsches überhaupt, ist die Studie über „Nachteil und Nutzen der Weltgeschichte", denn in ihr wird eine neue Frage gestellt, welche die Menschen nie wieder zur Ruhe kommen lassen wird und zuletzt zur Auflösung aller Voraussetzungen unseres gegenwärtigen Denkens führen muß, jener Voraussetzungen, auf deren Boden auch Nietzsche selber noch gestanden hat und allein stehen konnte. Denn so tief fraglich seiner erkenntniskritischen Verzweiflung fortan Weltgeschichte, Kulturprozeß, Menschheitsentwicklung, Völkerfortschritt wurden, diese eine Vorannahme: „Es gibt eine einreihige, historische Geschehensfolge", hat er nie angezweifelt. Und ganz fern noch lag ihm der Grundgedanke unsrer eignen Weltschau (dargelegt in meiner „Geschichte als Sinngebung des Sinnlosen" und im „Untergang der Erde am Geist"), daß Geschehensfolge in der Zeit wie das einreihige, lineare Zeitkontinuum selber ein Gedanke der Mechanik, nimmermehr aber Seiendes ist. Nietzsche entdeckte zum ersten Male die Wahrheit, daß wir unsre Geschichte, auslesend, wertend, als ein zweites geistiges Selbst, als eine „Welt der Wirklichkeit" anhand einer ideologischen Sphäre in unser erstes Leben, in das Lebenselement hineinbauen.

Und zwar hineinbauen nach Wunschbarkeitsgesichtspunkten, die er als die monumentale (d. h. heroische), die antiquarische (d. h. pietätbedingte) und die kritische (d. h. psychologisch interessierte) Geschichtschreibung noch recht vorläufig und ganz ungefähr zu kennzeichnen versuchte. Das Jahrhundert war auf Weltgeschichte eingestellt. Der Genetismus, Historismus, Evolutionismus waren die Krankheiten des Jahrhunderts. Und da niemand sich frei machen kann von der geistigen Atemluft seiner Lebensstrecke, so konnte auch Nietzsche nicht loskommen vom Glauben an Entwicklung. Von jenen Unterstellungen, welche Hegel den Kulturwissenschaften, Marx den Wirtschaftswissenschaften, Darwin den Naturwissenschaften zugrunde legte. Dieser große europäische Irrtum: die Entwicklungswissenschaft der drei Truggeister Hegel, Darwin, Marx, das war der Boden, daraus Nietzsches menschheitbessernder, welterlösender Traum entquoll. Selten kamen Stunden, in denen dieser Boden zu wanken begann. Später wurden sie häufiger. Als er aber schließlich diesen Boden ganz verloren hatte, als er, seine schwere, sächsische Natur vergewaltigend, sich hinüberflüchten wollte in südliches Tänzertum, in die Philosophie des Bodenlosen, des ziellosen Spiels, des befreiten Fluges, als ihm nur noch blieb die hoffnungslose Lehre von der ewigen Wiederkehr des Gleichen ohne Sinn und Fortschritt, da umfing den in die tote Sackgasse Geratenen die erlösende Nacht des Wahnsinns. Die Schrift über Geschichte war der erste Flügelschlag, das erste Augenaufschlagen, das erste staunende Infragestellen. Sie bezweifelte Newtons Wahn der Objektivität. Sie gilt uns heute als das unsterbliche Seitenstück zu Vicos „Prinzipi di una szienza nuova" von 1725, womit der ungeheure Selbstbetrug der Bildungsmenschheit, der Weltgeschichts-, Entwicklungs- und Fortschrittswahnsinn einst begann. Erst wenn dieser Zauber wieder verschwunden sein wird, so wird die Bahn frei sein für eine neue Art von Geschichte, nicht wirklich, aber wahr, für den „Mythos", der das „Wesen" sieht, aber keine Wirklichkeiten zusammenlügt ...

Minder gewaltig als die zweite „Unzeitgemäße" war die ihr vorausgehende Schrift über Strauß, welche weniger gegen einen bestimmten einzelnen Menschen, als gegen einen unausrottbaren Typus geschrieben war, welcher eben am wirksamsten gezeigt werden konnte, an dem Zufallsbeispiel des im neuen deutschen Reiche am meisten geachteten und einflußreichsten Schriftstellers. Nietzsche nannte den Typus mit einem Wort von Johannes Scherr: den „Bildungsphilister". Er hat ihn unsterblich verlächerlicht. War aber solche Verzerrung erlaubt? War sie richtig? Auf diese Frage kann ich nur Worte wiederholen, mit denen ich einst in der Jugend Angriffe zurückwies gelegentlich einer ähnlichen Verspottung eines zeitgenössischen Schriftstellers von seiten kleingesinnter Zeit- und Modegrößen, sehr erniedrigende Angriffe, welche damals mein bürgerliches Dasein zerstörend, meinem Leben die Richtung wiesen —: „Fragt doch, ich bitte, nicht immer: Ist das wahr? Ist das gerecht? Stellt doch, ich bitte, einmal die folgende Frage: Hat dieser Mensch das Recht zu dieser Wahrheit? Ist diese Gerechtigkeit das Recht grade dieser Natur? Als Nietzsche Strauß dem öffentlichen Gelächter preisgab, dem er damit als Person wahrlich nicht wehe tun wollte, da gab er mit letztem Ernst sich selber preis: seinen Ruf und Beruf, seine Stellung in der Welt, von welcher er abhängig war. Er opferte seine Vergangenheit und das Wohlwollen vieler Menschen, die er liebte. Warum tat er das? Darum, weil nur der tragische Ernst, mit dem wir unsre Urteile vertreten, das Richtmaß ist für das Recht oder Unrecht, die Wahrheit oder Lüge dieser Urteile. Dieselbe Ironie gegen Strauß, gegen Schopenhauer, gegen Wagner, nicht aus Nietzsches, nein aus beliebigem anderen Munde fließend, würde in der Tat Frevel werden. Nietzsche aber hat im längsten Kampf, Seele mit Seele, das Urteil erblutet. Indem er es nun ausspricht, erleben wir das Gericht der Seele über sich selbst. In solchem Augenblick wollt ihr über den Kämpfer herfallen? Wollt ihn bürgerlich ächten? ... Das ‚Pamphlet wider Strauß‘ ... der Nachwelt erscheint es als eine der schönsten Streitschriften, durch die ein Genius sich schützt gegen ‚die geballte Majorität der zeitgenössischen Talente, mit denen er nicht verwechselt sein will‘. Das Recht dieser Schrift liegt also nicht darin, daß sie wahr, sondern daß sie wahrhaftig ist. Ich glaube, daß wertender Geist immer mordet; er kann gar nicht anders. Darum sollte man nie eine Seele in Verteidigungsstellung drängen, denn dann muß sie wach und wissend werden, muß sich erläutern und auseinandersetzen. Wehe, dann wird der Geist Brandstifter! Was bleibt übrig vom Werke der Menschen, wenn wir nicht lieben dürfen? Wir bedürfen jeder der Schonung eines jeden; wollen wir den andern sachlich betrachten, und sei er der Größte, so wird die Wahrheit ihn töten. Liebe ist unser Ziel, nicht Wahrheit; aber macht ihr es mir unmöglich zu lieben, und damit auch unmöglich zu hassen, was bleibt mir übrig? Ich muß sachlich sein!“ ... Neben David Strauß wurde auch Eduard von Hartmann von Nietzsche angegriffen. Dieser galt im neuen Reiche als der Fortsetzer und Überwinder Schopenhauers, dessen Willensmetaphysik er mit dem logistischen System Hegels ineinander schweißte. Es war gewiß gerechtfertigt, daß die Fachwissenschaft in der Folgezeit für Hartmann und nicht für Schopenhauer Stellung nahm. Dennoch blieb Schopenhauers Werk (und wäre es nichts als Dichterbekenntnis) befruchtend und lebendig; Hartmanns scharfsinniges System aber wurde schon heute zu Lehrbuchparagraphen. Maschinen sind zweifellos dauerhafter als Organismen, aber in jedem jungen März trägt die Erde neue Veilchen. — Nietzsches siebenjähriger Krieg galt der Maschine. Mancher Ton klingt schrill. Mancher Schrei war zu humorlos bitter. Aber was trieb ihn denn anderes zu jener herben Zeitkritik als seine große Liebe, die in den beiden letzten „Unzeitgemäßen Betrachtungen" klar hervorbricht, in „Schopenhauer als Erzieher" und „Wagner in Bayreuth". Nietzsche ringt um die Eigenbestimmung seiner zu sich selbst erwachenden großen Seele. Noch wird er erdrückt von dem ungeheuren Massen- und Gruppenbetrieb all der zehntausend Wirkenden und Schaffenden. Noch ist er nicht frei von dem Wunsch nach wissenschaftlicher Geltung und vom literarischen Ehrgeiz. Er liest und schreibt. Er ist selber mit eingespannt in den übermächtigen europäischen Erwerbs- und Bildungsbetrieb. Auch er ist eingefangen in Bildung, Kultur, Literatur, Tradition. Aber schon fühlt er die Fesseln und bäumt wild sich dagegen, um sie zu sprengen...

Philosophie des Vormittags

Wenn der Knabe aus edlem Hause, vertrauend und ehrfürchtig auferblüht in edler Bindung und Zucht, eines Tages hinaustritt in die große Welt und nun alles Angelernte abstreifend, die millionenfältigen, allfältigen, millionenstufigen, allstufigen Reize des Lebens erfährt: unermeßliche Abenteuer, unbegreifliche Möglichkeiten — er liebt und flößt Liebe ein; er sieht: „Alles ist ganz anders"; er merkt: „Jeder Tag ist erster Tag" — ja, dann überkommt ihn ein ungeheurer Frühlingssturm, und je züchtiger und gebundener er sich fühlt, um so berauschender ist auch die Lust, über die Stränge zu schlagen. Und jeder gute Jüngling macht nun wieder neu die Erfahrung, die (er weiß das noch nicht) eben auch schon jede frühere Geschlechtsfolge gemacht hatte: „Mit mir fängt die Welt an! Jetzt wird alles richtig!" Durch diesen Frühlingssturm muß die Seele hindurch. Es ist die unumgängliche Lenzzeit des alles um- und neuwertenden und (vermeintlich) nichts und niemand glaubenden, alles selber prüfenden Jugendkraftwahns. In dieser Zeit wird jeder Mensch zum Zyniker. Denn Enttäuschung ist unausbleiblich. Zynismus aber ist die Stimmung des enttäuschten Höhenwillens. Erst das Alter gelangt allmählich zu einem ganz andersartigen, alles wieder billigenden und geltenlassenden (weil eigentlich gleichgültig gewordenem) Zweifel. „Nichts ist wahr, alles ist erlaubt"; dieser von Nietzsche aufgegriffene Wahlspruch der Assassinen malt die Stimmung der Jugend. Das Alter kehrt ihn um und denkt: „Alles ist wahr, nichts (eigentlich) ist erlaubt." — —

Vorerst lacht nun sein Leben unter steigender Sonne. Die Weltweisheit dieser Jahre nennt er: Philosophie des Vormittags. Sie ist überglänzt von dem Sonnenrausch des

Entsprungenen, der aus vergoldetem Käfig ausbrach und hineingeriet in die schöne weite Welt und der nun spürt: „Ich bin stark. Das Leben ist nicht schwer. Das Element trägt mich." Die Schriften dieser mittleren Lebensstrecke Nietzsches sind die folgenden: „Menschliches — Allzumenschliches" (1878), „Vermischte Meinungen und Sprüche" (1879), „Der Wanderer und sein Schatten" (1880), „Morgenröte" (1881), „Die fröhliche Wissenschaft" (1882). Sie führen unmerklich hinein in die Zarathustrazeit, wo der allmählich tiefer Vereinsamte und schwerer Leidende sich einen neuen Glauben und zu dessen Verkündigung ein wunderliches Zweites Ich schafft. — Das Ideal der Philosophie des Vormittags ist: der freie Geist. Ungebunden, vorurteilslos, ein vornehmer Fremdling durchwandert er die Welt. Daheim ist er überall und doch nur im Reiche der Götter. Er sieht alles Menschliche in einem guten, wissenden Spiegel, er verzeiht und liebt; aber er spielt selber nicht mit, sondern verhält sich betrachtend und spricht zu den Menschen wie herab vom Äther. Jeden Tag pflückt er, jede Stunde kostet er wie eine Frucht vom übervollen Pfirsichbaum, der in „schenkender Tugend" spricht: „Nimm mich! Ich leide unter meinem Reichtum." 1878 ist das entscheidende Jahr.

In diesem Jahr löst er sich endgültig aus Fachwissenschaft und Amtspflicht und beginnt das Leben des weltdurchwandernden Allbetrachters. In diesem Jahre vollzieht sich auch seine endgültige Loslösung aus dem Banne Wagners. Er ist unabhängig. Sein kleines Ruhegehalt als ausgedienter Professor gestattet bei mäßigen Bedürfnissen ein sicheres, sorgenfreies Leben. Er ist kränklich; das zwingt ihn zum einsamen Grübeln, verbietet

Ausschweifung, hält ihn ab, sich an die Werke anderer und an fremde Schicksale zu verlieren. Sein Ziel wird: das eigenste Innere völlig auszugraben und in Worte zu münzen, so wie ein Musiker in Tönen, ein Maler in Farben seines Lebens Niederschlag und Überschwang der Nachwelt hinterlegt. Die lange Zucht der Jugend, das strenge Fachstudium hat ihm so viel Bildungsstoffe mitgegeben, daß er fortan nicht mehr zu lesen braucht. Nietzsche hat gewiß keine fünf gelehrten Werke mehr gelesen; von den großen deutschen Philosophen, von Leibniz, Hegel, Kant hat er kein einziges Werk je im Urtext bis zu Ende gelesen. Dagegen trat nun der unmittelbar gelebte Tag, traten Landschaft, Meer, Himmel und Berge in seine Bücher hinein. Seine Gedanken wurden Abbild der Natur, in der sie reiften und aufblühten; denn während für die großen spekulativen Denker wie Kant oder Hegel, da sie im Äther der reinen Abstraktion leben, eine Überfülle sinnfälliger Eindrücke und Erlebnisse nur störend sein kann, ja es im Grunde ganz gleichgültig ist, an welchem Orte der Erde und in welchem Zeitalter sie daheim sind, liegt das ganz anders für die reflektierenden Denker, wie Schopenhauer und Nietzsche: deren Schriften sind ein fortlaufendes Tagebuch ihres Lebens, und wo immer sie sind, was immer der Tag ihnen zuträgt, das geht sogleich über in die Einheit ihres geistigen Wesens. Das zeigt sich auch darin, daß man spekulative Philosophen planmäßig lesen muß; sie bauen wie ein Baukünstler Häuser baut, und wer ihren Werken nachdenken will, der muß in bestimmter Reihenfolge vorgehn und darf nicht beim Dache anfangen; reflektierende Naturen aber prägen sich bildhaft aus in allem, was sie ergreifen; man mag zu lesen beginnen, wo man will, man ist immer gleich im Mittelpunkt. Nietzsches Landschaft war das Engadin. Sodann die französische Riviera, zumal Nizza. Zuletzt die Städte Oberitaliens, Genua und Turin. Am liebsten und am längsten verweilte er in dem damals noch kleinen und idyllischen Dorf Sils Maria. Die Seligkeit des schönen Südens floß in seine Bücher. Diese südliche Landschaft ist voller Klarheit und eben darum voller Traum. Es ist merkwürdig, daß das Licht die Gegenstandswelt zugleich überdeutlich und ganz unwahrscheinlich macht. Gemälde, welche die Welt in weißes Licht tauchen (wie die Landschaften von Gygis oder Lugo) sehen aus, als ob sie geträumt sind: überklar und unwirklich.

Nietzsches Bücher besitzen diese Helle und Schwerelosigkeit. Die reine Grenzlinie der hohen Alpen, ihre ruhig sichere Umschlossenheit und die blaue Kühle und abgedämpfte Farbenpracht der mittelländischen See, das ging ihm in Nerven und Worte über und gab der Sprache Schmelz und Glanz, wie noch kein philosophisches Schrifttum sie besessen hat. Denn erst mit Schopenhauer fängt unsre Philosophie an, erträgliches Deutsch zu schreiben. Bis zu Leibniz schrieb sie nur erträgliches Latein, seit Leibniz' Zeit gut Französisch. Aber in Kant, Hegel, Fichte, Schelling tiefsinnelte unsre Philosophie eine oft urbarbarische Sprache. So ist das schriftstellerische Werk aus Nietzsches Reifejahren unendlich beglückend. Es quillt freilich nicht aus der Heimat, nicht aus der sächsischen Scholle, auf der er groß wuchs und in die er schlafen ging. Lateinische, romanische, hellenische Sprachquellen rauschen aus der Tiefe. So etwa wie der harte Ibsen am französischen Theater sich glättete, so wurde Nietzsches Sprache geschliffen und europäisch in der Schule der französischen Aphoristiker, wie Montaigne, La Rochefoucauld,

Vauvenargues, Pascal. Der Gehalt der Gedanken aber ist auch nicht deutsch. Er kommt aus England. Aus der Schule der beiden Mill und Humes. Nichts erinnert an Kant und die deutsche Metaphysik. So gewann unsere Sprache eine Leichtigkeit, die sie nie zuvor besessen hatte.

Dennoch blieb sie kräftig und körnig. Noch war für Nietzsche das Erkennen beglückend, und die Wahrheit keine Erkrankung. Noch freute er sich der Fremde und fühlte sich Deutschland und seinen großen Lärmmachern, den veralteten Freunden, der Familie und dem Amte entsprungen. Es kam die Zeit, wo er in neuer Sehnsucht zurückrief alle alte Liebe, die er in sich getötet hatte. Es kam die Zeit, wo ihn die Scholle, aus der er geboren ward, zurückforderte. Da kam er sich denn nicht mehr vor als „Prinz Vogelfrei", der aus dem deutschen Kerker entsprungene, als der kühne „Konquistador der Erkenntnis", der rücksichtslosen, ja lasterhaften, als der „Tänzer", der Flieger, der Befreite. Nein! da fühlte er sich wie Vergil oder Dante abgedrängt und verbannt, ein Märtyrer der intellektuellen Redlichkeit, ein windverwehter Flüchtling und sehnsuchtsvoll nach rückwärts blickender Ahasver. Denn erst, als alle die alten Bindungen abgestreift waren, und keinerlei verstehender Rückklang, kein günstiges Vogelzeichen mehr zu ihm kam, weder von der Mutter, der Schwester, den Freunden noch von Fachgenossen, oder aus deutscher Leserwelt, da zeigte es sich, wie deutsch und heimatbedingt Nietzsche eigentlich doch war und wie wenig eine Pflanze fähig ist, den Erdboden zu verleugnen, in den nun einmal ihr Keim fiel. Eigentlich wollte ja Nietzsche das Unmögliche: den Beifall derer, denen er tief ins Fleisch schnitt. Als er aber zusammengebrochen und ungefährlich geworden war, da fielen zuletzt die ihm die Fremdesten geworden waren, seine Nächsten, liebend über ihn her, und diejenigen, von denen loszukommen der Inhalt seines kurzen Lebens gewesen war, führten den Wehrlosen in die Heimat zurück, wo er verlosch. Dann begann die Komödie der Nachwelt...

Mit seiner zunehmenden Verfremdung und Vereinsamung wuchs Nietzsches Ausdrucksübersteigerung. Sein Stil wurde immer weniger naiv; sein Tonfall allzu stark, seine Kunst zu absichtsvoll, sein Tempo übertrieben, bis er schließlich, etwa von der Zeit des Auftauchens Zarathustras ab, gar nichts mehr erklärt und begründet, sondern seine Gedanken nur noch hinausschreit: schmerzhaft eindringlich, rednerisch, an allen Strängen reißend. Man redet in solchen Fällen gern von „Verbitterung". Nun, ich erinnere an ein Wort Strindbergs aus einem Briefe an Schering. „In jedem Menschen, er mag vom Leben geduckt sein oder nicht, liegt ein dunkles Gefühl der Unwürdigkeit, die seine Stellung falsch macht im Augenblicke der Huldigung. Wenn man aber mit auffallender Ungerechtigkeit behandelt wird, muß man ja zur Selbstverteidigung gereizt werden, und in der Selbstverteidigung muß man ja seine Verdienste hervorheben. Deshalb ist man hochmütig im Mißerfolg, während man sich demütig und unwürdig im Erfolge fühlt. So manchem wird das Selbstvertrauen geraubt durch dieses systematische Unterschätzen; wenn man aber gegen diese Schwäche reagiert, kommt man leicht in Versuchung, hart gegen hart zu setzen. Er ist der wirklich Verkannte, der in der Kneipe sitzt und prahlt. Er will doch einen Augenblick die Illusion haben, der zu sein, der ... er ist."

34

Der Psychologe

„Menschliches — Allzumenschliches!" Dieser Titel des ersten Buches aus Nietzsches Freigeistjahren zeigt die Richtlinie. Nietzsche verschrieb sich jenem Wissenshochmut, den man heute „Psychologismus" nennt. Es handelt sich um einen Fanatismus des „Woher?" Nicht das Phänomen fesselt, sondern sein Zustandekommen in der Seele des Trägers. Nicht die Natur der Gegenstände wird untersucht, sondern die Not ihres Gewordenseins. Die große Frage des Psychologisten angesichts jeder Erfahrung ist diese: Wie kommt der Mensch dazu? — Da behauptet ein Mann, übersinnliche Wahrnehmungen zu haben. Ich lasse diese Wahrnehmungen selber zunächst auf sich beruhen. Ich frage: Unter welchen Umständen kommt man zu solchen Wahrnehmungen? Muß man dazu etwa betrunken sein? Diese Einstellung auf die Drangkräfte hin (Psychogenetik) kann in der Tat leicht bis zu ehrfurchtsloser Lasterhaftigkeit entarten. Denn wo blühen Rosen, die ihre Schönheit nicht aus Leichenstaub ziehen und ihre Wurzeln nicht mit Kot düngten? Die Menschheit hat Religionen. Aus welchen Selbstbelügungen, Wunscherfüllungen, Vorspiegelungen, Täuschungen, Nötigungen stiegen sie? Die Menschheit schuf Moralsysteme. Aus welcher Ohnmacht, Rache, Schwäche wuchsen sie? Die Menschheit ist stolz auf Logik. Aus welchem Irrtum sproß die Logik? — Es dürfte klar sein, daß Fragestellungen wie diese mit der bloßen Beschreibung der Erscheinungswelt sich nicht begnügen können, sondern überall auf Erklärung bedacht sein müssen. Daher können sie einzig die kausale, genetische Methode verwenden, und insofern bleiben sie denn auch immer eingebannt in den Bereich des Zeitlichen und Geschichtlichen. Es dürfte ferner klar sein (und das liegt ja eben in dem Titel „Menschliches — Allzumenschliches" angedeutet), daß dieses Frage- und Infragestellen einen leicht herabwürdigenden Unterton besitzt, ja wohl auch zeitigen kann eine Wollust des Entfrommens, vergleichbar dem Triumph eines jungen Anatomen: „Seht mal dies Gehirn, das ist nun der sogenannte Geist Platos. Ich forschte nach dem Kern der Liebesgöttin und fand diese Gebärmutter." Der Umstand, daß man, ohne auf die Sphäre der Sachlichkeiten einzugehen, sogleich das Menschliche und die Notwendigkeiten des Menschlichen zur Erklärung sachlicher Tatbestände heranziehen kann (da sie ja zweifellos alle vom Menschen getragen werden), dieser Umstand sichert dem zerlegenden Kopfe eine unheimliche Überlegenheit gegenüber allem naiven Leben. Der Psychologe fühlt sich (wie man gegenwärtig sagt) als Psychoanalytiker. Er kennt Abgründe und Hintergründe. Damit kann er beschämen und lähmen. Denn kein Baum würde wachsen, wenn er weiß, wie sein Wachstum zustande kommt.

Wir erleben nun aber gleichwohl das beglückende Wunder, daß in Nietzsches Hand das Wundmesser der Psychologik fast niemals schädigt oder verletzt. Wie ist das möglich? Es kommt daher, daß Nietzsche selber ein im Tiefsten elementarischer, ganz kindlicher und mithin schöpferischer Mensch gewesen ist, der, wenn er zerlegte und zersetzte, im Kerne nur seine eigenste Idealwelt zersetzte, mithin: opfernd, immer nur sich selber zum Opfer bot. Erst in der Hand der vielen Gelehrigen und Klugen, die die Erbschaft des Psychologismus übernahmen, wurde das

Marterwerkzeug der Analyse zum Triumph der alles befingernden Frechheit. Schließlich kam es dahin, daß Klugtuerei und Begriffszergliederung unter dem Rechtstitel : das sei strenge Erkenntnis, und so fordere es die Wissenschaft, alle Genien und Gestalten, alle Werte und Ideale zu zernagen begannen. Man braucht nur irgendein psychologisches oder philosophisches Buch aus jüngster Zeit aufzuschlagen, um sofort hineinzugeraten in die beklemmende Atemluft zerlegender Geister, die wahrlich, um „Eingeweideschauer" zu werden, keine schöpferische Seele zu opfern haben und, wofern sie mit Herzblut schreiben, sicherlich schreiben mit dem Blute der anderen. Aber man soll überhaupt nicht mit Blut schreiben. Das Blut muß schreiben.

Wille zur Macht - Rückschlagsgefühle (Ressentiment)

Indem Nietzsche begann, alle Erscheinungen der Kultur (Religionen, Künste, Wissenschaften, Philosopheme) auf ihr Gewordensein, d. h. auf ihre Gründe hin zu betrachten, leitete ihn ein einfacher Kerngedanke. Alles Leben ist Wachstum. Jedes Gebilde muß und will sich bewahren. Es wäre somit unmöglich, daß Einzelne, oder Gruppen solche Ideen und Ideale ergreifen, welche ihrem Wachstums- und Selbstbewahrungswillen entgegenwirken und für ihre Eigenart und deren Behagen zerstörend sind. Oder umgekehrt gesagt: die Ideen und Ideale des Geistes lassen immer Rückschlüsse zu auf die dahinter brennenden Lebensantriebe. Ideen sind Wunscherfüllungen. Sie sind

Narkotika, umnaturte (pervertierte) Energien, Ersatzmittel des Rauschs oder, wie man mit einem Modeworte sagt: Kompensationen. Das Pferd philosophiert anders über die Peitsche als der Fuhrmann. Der Satte wertet die Speise anders als der Verhungernde. Der Gesunde hegt andere Träume als der Kranke. Dieses Verfahren nun (hinter den Normen und Wahrheiten, die Natur ihres tragenden Lebens zu erspähen) nennt Nietzsche: biologisch. Und als ein in christlichen, sozialethischen, humanen Gesinnungen großgewordener Europäer wird ihm ein Gebiet der menschlichen Betätigung vor allen anderen Gebieten zur Fraglichkeit: das Gebiet der sittlichen Schätzung, für welches er die heute bereits zum allgemeinem Gebrauch gewordenen Kunstausdrücke einführt: Wert, Werthaltung, Wertnorm. Wo immer aber er von „Werten" spricht, da meint er nur Moralisches. Und seine besondere Berufung, in deren Dienst er scharfsichtig, hellsichtig, übersichtig wurde, ist nun dies: Hinter allen Werten der christlichen Jahrtausende, mithin hinter der ganzen sozialen Sittenlehre Europas ist aufzuspüren das verknitterte Lebensgefühl Schlechtweggekommener, die große Bedürftigkeit der Menschenmassen und Massenmenschen. Es handelt sich um den Sieg des gehemmten Machtwillens, um den Machtwillen zahlloser Gehemmter. Dieser Spürarbeit Nietzsches dient nun sein zweiter (heute ebenfalls längst zu allgemeinem Mißbrauch entkernter) Hauptbegriff, der Begriff: Rückschlagsgefühl (Ressentiment). Als Rückschlagsregungen gelten ihm alle Lebenserregungen, die nicht unmittelbar aus freier Natur und eigentätig, sondern vielmehr aus einer in sich selbst zurückgedrängten Ohnmacht hervorgehen, aus einer Ohnmacht, die, um sich ausheilen, erretten, rechtfertigen oder rächen zu können, mittelbar und von hinten herum leben, ausleben, darleben muß. Wenn z. B. die Menschen, diese durch zu viel Gehirn größenwahnsinnig gewordenen „Raubtieraffen", das ungeheure Zeitalter der Rieseneidechsen überdauerten, während alle jene Kolosse: Plesiosaurus, Ichthyosaurus, Dinosaurus ausgestorben sind, so konnte das nur dadurch geschehen, daß sie ihre geschicktere List und Hinterlist der körperlichen Überlegenheit jener massigen Ungeheuer gleichsam „von hinten herum" entgegensetzten. Wenn heute die Huftiere inmitten der Raubtiere bestehen bleiben, so ist das nur möglich, weil sie sich zu Herden zusammenrotten und die Gruppengefühle gesellig weidender Tiere entwickeln. Nietzsche nun glaubte zu entdecken, daß von jeher eine doppelte Moral: Herren- und Sklavenmoral, auf der Erde bestanden habe, indem die Herrschenden sich selber als die Guten befanden, dagegen alles schwächere, ohnmächtige und wehrlose Leben „schlecht" nannten; unter der Optik der Sklaven betrachtet, hieß dagegen umgekehrt der überwältigende Herrenmensch „böse"; „gut" aber alles, was hilfreich, mitleidig und sozial, das Los der Vielen und Vielzuvielen erleichterte und gegen die Übergriffe der Mächtigeren beschützte. Mit dem Untergang von Hellas und Rom, mit dem Aufkommen des Christentums soll nun (nach Nietzsches Auffassung) die ungeheure Massenvermehrung des Menschen begonnen haben. Sie aber brachte die Sozialmoral der Mühseligen und Beladenen zum Siege über das gesunde brutale Leben, so daß alles, was heute Ethik genannt wird, schon von vornherein Ausweis ist für eine Hemmung des Wachstums und für Notausgang einer Ohnmacht. So ist die Weltabkehr und Lebensfeindlichkeit im Buddhismus und Christentum ein Beweis für fortschreitende „Dekadence“. Der Erlösungsglaube ist der Ausdruck unsrer Bedürftigkeit nach Erlösung.

Das Kulturproblem

Es ist wohl leicht einzusehen, wohin diese „biologische“ Philosophie führen mußte. Zu einer Anzweiflung des menschlichen Geistes schlechthin! Zu einer Skepsis gegen Kultur überhaupt; soweit Kultur eben die Tat des Geistes und nicht nur ein Lebensausdruck ist. Schritt um Schritt wurde somit der Psychologe, Aufklärer und Freidenker zum romantischen „Reaktionär“. Schritt um Schritt wurde Voltaire, dem „Menschliches — Allzumenschliches“, das erste Werk der Freidenkerzeit, gewidmet war, verdrängt durch Rousseau. Denn mit Rousseau begann der in Nietzsche gipfelnde europäische „Kulturpessimismus“.

Man vergegenwärtige sich dieses große Problem. Auf die Frage der Akademie von Dijon: „Welche Einflüsse hat die Entwicklung der Wissenschaften und Künste auf das Glück des Menschengeschlechtes?“ erteilte Jean Jacques Rousseau zu aller Staunen die unwiderlegliche Antwort, daß die geistige Überschärfung und Erweckung das elementare Glück des vorbewußten Lebens zerbrochen habe und zu einem großen Sterben am Geiste hintreiben müsse. Die höchst bedenkliche Deutung, welche Rousseau der menschlichen Kultur gab, läßt sich am besten zusammenfassen in ein Gleichnis, das er in einem Briefe an Voltaire gebraucht: „In den Stamm eines gesunden Baumes ist ein Messer gedrungen. (Dieses Messer ist der wache Wille des Menschengeschlechtes.) Nun kann man das Messer nicht mehr aus dem Baume herausziehen, denn dann würde der Stamm verbluten. Aber wird darum jemand behaupten wollen, daß das Messer im Mark zur Gesundheit des Baumes gehöre?" So auch, meint Rousseau, sei die Kultur hinzunehmen: ein nicht mehr rückgängig zu machender Sündenfall!... Alles was ist, das muß freilich bleiben wie es ist; denn sonst wäre es überhaupt nicht (sint ut sunt aut non sint).

Mit dieser Erkenntnis aber konnte sich Nietzsches Grübeln schwerlich beruhigen. Denn in Nietzsche, obwohl er sich zunächst als Nurerkennender fühlte, gärte doch stets der Reformator- und Helferwille. Er frug nicht nur nach dem was ist, sondern nach dem Seinsollenden. Genau wie sein Ebenbild Zarathustra schwankte er zwischen Einsamkeitsseligkeit und Weltverbessererplänen. Und nie vermochte er sein Selbstgenießerglück mit dem praktischen Erzieherwillen zu versöhnen. Das Mitleid mit den Menschen, zumal den „höheren Menschen", war seine stete Gefahr. Der große Notschrei aller Besseren drang bis in seine selbstfrohe Einsamkeit. Ja, es überkamen ihn Stimmungen, wie wir sie auch schon bei Schopenhauer, auch schon bei Hartmann fanden, jesuitische Stimmungen: „Müssen wir nicht zweierlei Wahrheit brauchen, exoterische (für die Allgemeinheit) und esoterische (für Eingeweihte)? Die äußerste Erkenntnis würde die Menschen unglücklich machen. Sie ist nur für ganz wenige, die sie zu ertragen vermögen. Wir können mit Wahrheit töten. Darum muß sie dem Volke vorenthalten bleiben. Der Baum des Wissens ist kein Baum des Lebens." Kann es uns also verwundern, daß Nietzsches Freunde, Schüler, seine Geschwister, Mutter auf diesem Wege nicht mehr mitzugehen vermochten? Dieser Weg führte zu vollständiger Verneinung aller Geisteswerte als eines Ausdrucks absinkenden Lebensrausches. Alle aber, die Nietzsche nahestanden, wurzelten noch in Christentum oder Buddhismus. Jedenfalls aber in einer gemeinnützigen Nächstenliebe und in der deutschen idealistischen Philosophie. Nietzsche forderte, daß sie sich selber anbohrten, wie ja auch er beständig gegen sich selbst philosophierte. Erst mußte ein neues Geschlecht von Denkern kommen, ehe man sich ohne Verletzlichkeit und Scheu auch nur an Nietzsches Fragestellung und ihre Anzweiflung aller Ideale gewöhnte. Man mußte überhaupt erst das Problem, das er erlitt, sehen lernen. Und doch: auch Nietzsches Zweifel war noch nicht tiefbohrend genug. Zweierlei blieb noch zu entdecken. Erstens, daß das christlich-buddhistische Problem das logisch-ethische Rätsel selber und mithin das Rätsel des Menschen als des Wertenden, Urteilenden, Messenden schlechthin sei. Zweitens, daß dieses Menschenrätsel eben das große Rätsel des Geistes ist. Des Geistes, der aus dem Lebenselement heraus und ihm gegenübertrat: die feindgewordene Flamme, an der die Erde untergeht.

Entwicklungslehre. Darwin

Wer je entzog sich der Luft seiner Tage? Nietzsches Tage atmeten im Dunstkreis des europäischen Entwicklungsglaubens. Und wenn Nietzsche auch im einzelnen Darwin und den Darwinismus gern verspottete und zu Goethes Naturanschauung oder zur romantischen

Naturphilosophie Schellings flüchtete, im Innersten hat er an folgender Voraussetzung nicht gezweifelt: Der Mensch ist ein Geschöpf von gestern. Er ist aus derselben Wirbeltierreihe geworden, die auch den Affen hervorbrachte. In jahrbillionenlanger Werdekette steigt die Natur vom Einfachsten zum Immerdifferenzierteren empor. Diese gradlinige Entwicklung führte hin zu mir, dem Menschen. Und sie soll nun über mich hinausführen, zur Verkörperung Gottes und des irdischen Paradieses. — Es kam hinzu, daß Nietzsche philologisch, historisch, psychologisch vorgebildet war; nicht naturforschend. Er war kein gestaltenschauender Augenmensch. Er war überhaupt nicht auf Sachwelt gerichtet. Das fällt uns besonders in seinen Briefen und Tagesaufzeichnungen ins Auge. Er lebt an den großen Stätten der bildenden Kunst. Aber kaum jemals betrachtet er Gemälde oder Gebäude. Sein nordisches Herz ist erfüllt von Musik, Lyrik oder Grübelei. Schon die beständige Schwäche und Krankheit der Augen hindert am Betrachten. Was immer er sieht, das verwebt sich sogleich mit Hirnarbeit. Das Gesehene wird zum Gleichnis oder Symbol; ähnlich wie schon das Neue Testament Natur und Landschaft nicht mehr naiv wiedergibt, sondern nur als Gedankengleichnis benutzt. Hie und da rafft Nietzsche sich dann auf zu dem Vorsatz: Jetzt will ich Blumen, Steine, Tiere aufsuchen. Jetzt will ich zu den Malern gehn. In Wahrheit aber blieb er auf den Gebieten der äußeren Erfahrung blind wie die großen Seher. Er war befangen in die Vorstellungswelt der Epoche Darwins; jener Biologie, welche zum Biotischen steht wie Psychologie zum Psychischen. Sie ist eine Orientierung über das Leben, nie Gemälde des Lebens selbst. So unterlaufen denn Nietzsche zwei große Irrtümer, welche auch heute

43

noch die gesamte Wissenschaft Europas narren: Erstens die Vertauschung der Gestaltenwelt mit einer Welt raumzeitlicher Bewußtseinswirklichkeit (also der Formen, Objekte, Artefakte). Und zweitens wiederum: Verwechslung dieser raumzeitlichen Bewußtseinswirklichkeit mit der Sphäre der Vernunftschau (also der Ideen, Ideale, Normen)... Leben — Wirklichkeit — Wahrheit (vitalité — réalité — vérité)! Ehe nicht diese drei Ebenen völlig klar auseinandergetreten sind, ist alle Philosophie irrwegig. Es ist hier nun nicht der Ort darzulegen, wie auch für Nietzsche „das Leben" immer nur eine Kraft war. Es läßt sich hier nicht ausführen, wie das Wachstum des Lebendigen sich ihm nur darstellte als eine zielstrebige Bewegung, kurz, wie sein vermeintlich biologisches Denken im Grunde das mechanistische Denken unsres Zeitalters ist. Nur das Wesentlichste, Leichtverständliche darf hier gesagt sein. Das aber ist dies: Nietzsche hielt „Fortschritt" für eine in der Natur des Lebens begründete, von der Natur verbürgte Tatsache. Er verwechselte mit Darwin „Evolution" (Entwicklung) und „Melioration" (Verbesserung). Er redete von Deszendenz und meinte Aszendenz. Er verwechselte mit Marx den dialektischen Prozeß mit dem Wachstum der Natur. Er verwechselte mit Hegel Wert und Element. Freilich, Nietzsche wollte durchaus nicht das Leben vergewaltigen mit Wert und Ideal. Aber er wollte doch auch nicht auf Werte und Ideale verzichten. So suchte er denn nach solchen Werten, denen die Natur des Lebens selber entgegenklänge. Wo aber kümmert sich jemals Leben um Ideal und Wert? Nietzsche schauderte vor der Erkenntnis, daß das Lebenselement seine Gestaltenreigen emporwirft und wieder einschluckt, nicht anders wie der Schlaf Träume hervorlockt und wieder verschwinden läßt: jede nur irgendmögliche Gestalt milliardenfach, unermeßlich, überall und ewig. Ei konnte sich nicht abfinden mit der Gewißheit, daß alle Stufen des Seins, alle Zyklen und Rhythmen immer gegenwärtig und immer gleichzeitig sind, so wie auf der Erde alle Jahreszeiten und Lebensalter nebeneinander blühen. Auch Nietzsche versuchte das Leben auf das Streckbett zeitlicher Erfahrung zu spannen und, indem er Lebenselement und Spiegelung des Elements im raumzeitlichen Menschenbewußtsein vertauschte, indem er verkannte, daß Leben das ist, was aufgefaßt (also nicht erlebt) Bewegung genannt wird — verdünnte er das Geballte und zog es auseinander zum Aufstieg der Gestalt vom einzelligen Lebewesen bis hin zur wählenden Menschenvernunft. So ward auch er Opfer des Hominismus, d. h. des Glaubens, es gebe nur eine vom Menschen (homo) abhängige, nicht aber eine unbedingte Wahrheit ... Ich lege damit den Finger auf die Stelle, von welcher aus Nietzsches Werk und Wesen langsam erkrankte.

Leben

„Leben"... so nannte er den Oberwert, den Schwellenwert. „Alles, was das Leben fördert, das soll künftig gut heißen, alles, was das Leben schädigt, das soll künftig schlecht heißen." Eine der furchtbarsten Wirrungen und Irrungen der Mode, nachzitternd bis in die fernsten Tage, brach aus dieser Götzenanbetung des „Lebens". Das Unbewußte, das Irrationale, élan vital, évolution créatrice, das wurden seither neue Gottesgleichnisse. Man orakelte von

Lebensreligion, Lebensethik, Lebensmetaphysik; von einer „Heiligkeit" des Lebens. — — Ja! Welches Leben ist denn gemeint? Das der Bakterien, Ungeziefer, Würmer, Schlangen? Wer Leben (das heißt die Tatsache des Starkseins, Erfolghabens, Machtgewinnens und Überlebenbleibens) zum Maßstab eines Werthaltens macht, der begibt sich der Möglichkeit des Wertens überhaupt.

Wohl niemals sind sinnlosere Buchtitel sinnloser nachgeplappert worden als im Zeitalter des Fortschrittsglaubens die Buchtitel Darwins. „Entstehung der Arten." Eine sinnlose Formel! Denn Arten kann man wohl sehen. Aber sie entstehen nicht; sie treten hervor. „Auslese der Besten" (selection of the fittest)! Welche Wirrung! Das Rätsel für den urteilenden Geist ist ja doch grade dieses: Welches Leben ist das beste? Welches Leben ist wert, gelebt zu werden. Nicht das Leben kraft der Kraft, sondern das Leben kraft des Wertes, nicht das viehische Dasein des in irgendeinem Sinne Mächtigen, sondern „das Gute" soll bestimmt, soll ausgelesen werden. Und so drehte sich auch Nietzsches Denken im Kreise. Kraft ist ihm Wert, und Wert ist ihm Kraft. Indem er wertet, wähnt er nur festzustellen. Indem er feststellt, fühlt er nicht, daß auch bei ihm Wertüberlegungen hinter vermeintlichem Wissen lauern. So quirlen durcheinander die Zweifelsucht des Erkennenwollers und die Helfersucht des Erlösenwollers. Der Wahn des zwanzigsten Jahrhunderts: Logik und Ethik seien Lebenstatsachen, dieser Wahn hält auch Nietzsche gepackt. So kommt auch er in die Zwickmühle: Hie Leben — Hie Geist...

Das Verhältnis von Chaos und Kosmos, Leben und Sinn (Nietzsche verwendet dafür gern das Gleichnis des Meeres und der Berglandschaft und läßt Zarathustra auf der Scheide zwischen wogendem Meer und festem Gipfel philosophieren), dies Verhältnis ist überhaupt nicht kausaler oder funktionaler Natur. Weder kann je Geist aus Leben werden, noch Leben aus Geist. Es wäre freilich abgeschmackt, von etwas Lebendigem zu sagen, es sei „sinnlos", da es ja im Lebendig- und Sosein eben seinen Sinn erfüllt und in sich selber hat. Lebendigsein heißt ja mit allem kosmischen Sein zusammenbestehbar und in diesem Sinn „sinnvoll" sein. Aber was hat dieser „Sinn" mit Wert, mit Gültigsein, mit Recht oder Logik zu schaffen? Es ist durchaus nicht einzusehen, warum außerhalb der Wertwelt, welche der Mensch in das Lebenselement hineinbaut, eine Wasserlilie oder ein Erdfloh minder wertvoll sein soll als Buddha oder Mohammed. Außerhalb des Geistes wird alles „gleichgültig", alles Einerlei und Alleins. Nietzsche hat den tiefsten Gedanken der Erkenntniskritik so wenig gekannt wie Schopenhauer, nämlich den, daß die Norm, an Hand welcher wir das Leben regeln und regieren, nicht mit eintreten kann in die Gründe und Beweggründe unsres oder irgendeines Lebens, sondern einer rein ideologischen Ebene des Urteils zugehört. Die Bewußtseinswirklichkeit freilich zeigt beides untermengt und ungetrennt: Lebendiges und Geistiges; da wir lebend denken und denkend lebendig sind. Jenseits des Bewußtseinspunktes aber fällt die Sphäre, darin wir Leben sind und jene andere, dank deren wir Leben denken, scharf auseinander. Auch Nietzsche ließ sich narren durch die schiefe Frage nach dem „Primat", sei es des Geistes oder sei es des Lebens. Es läßt sich eben immer nur aufweisen, daß unser „Bewußtseinsprisma" diese beiden Grenzen und Pole hat. Wir haben an Nietzsches Lebensphilosophie und

Wertlehre das klassische Beispiel für die Schranke aller genetischen, biologistischen, kausalen, historisierenden, kurz welterklärenden Methodik. Sie führte ihn in eine Sackgasse. Und zwar von dem Augenblick an, wo er seine Lehr- und Wanderjahre beendete und als Erzieher, Prediger, Führer neu unter Menschen treten wollte; als er aus der langen Einsamkeit der Berge hinabstieg in die „Stadt zur bunten Kuh". Das geschah in der schützenden Maske Zarathustras. Damit begann die Tragödie.

Die Zarathustrazeit

Der Künstler, der Literat, der Stubengelehrte konnte den großen Bruch dialektisch verbrämen, ästhetisch überfüttern. Der Volkserzieher mußte an ihm scheitern. 1883 bis 1885 entstand das große Lebensbekenntnis: „Also sprach Zarathustra". Das philosophische Seitenstück zu Goethes„Faust" und wie dieser, ein Standwerk des deutschen Schrifttums. Beide Werke haben dieselbe verzwickte Vielfältigkeit. Auch Goethes „Faust" hat alle Stimmungen, Befruchtungen, Pausen eines Lebensweges von achtzig Jahren in sich aufgesogen, so daß man nicht ohne Gewaltsamkeit das Ganze zu einheitlicher Handlung zusammenzwingt.

Nietzsches „Zarathustra" sammelte zwar nur die Gefühle dreier Jahre. Aber gerade diese drei Jahre waren so überfüllt von ungeheuren Geisteserlebnissen, daß in dem langsam abbrennenden Gehirn der Gedanke von heute den von gestern widerrief, und der morgige Tag wiederum das heute Gedachte zu flüchtigem Spiele erniedrigte. Und doch handelt es sich eigentlich immer in allen diesen Rasereien der Logik um ein und denselben Widerspruch. Man hat das Gefühl, einem geknebelten Titanen zuzuschauen, der sich im verzweifelten Krampf gegen das Schicksal stemmt und, je stärker er Laven aus sich heraus schafft, um so höher wächst der Berg, der ihn erdrückt. Das letzte Buch, bevor ihm die neue Sonne Zarathustra aufgeht, die „Morgenröte", beschloß Nietzsche mit einem ergreifenden Nachgesang auf hohen Bergen. Er nimmt Abschied von seiner Jugend, grüßt noch einmal die alten Freunde, durchstreicht alle Vergangenheit, warnt vor den gefährlichen Spreng- und Schlagkräften seiner neuen Erkenntnis, streckt sehnsüchtig die Arme aus nach jungen Genossen, welche stark genug sind, um seine Wahrheit zu ertragen und bricht endlich jubelnd aus in die Verkündigung des Kommenden: der „Mittagsfreund", der „Gast der Gäste", der große Ausgleicher, Seelenloser ist erschienen. In diesen Schatten hüllt er sich als in den Schleier seiner Scham. Mit Zarathustras Gesängen befreit er sich, wird er sich selber objektiv, so wie Goethe sich erlöst als Werther und Faust.

Zu der Zeit, wo Nietzsche das Werk begann (die erste Hälfte noch für die Öffentlichkeit bestimmt, die zweite Hälfte bereits als Privatdruck auf eigene Kosten hergestellt, und nur einem kleinen Kreise Wohlwollender zugänglich), da wünschte er noch, zum Herzen der Zeitgenossen zu gelangen. Er versuchte noch sich zu erläutern, seine Abgedrängtheit zu überbrücken und menschlich Anteil zu nehmen und zu gewinnen. Er hoffte auf Berufung an eine Universität, eine Lehrkanzel für seine Philosophie, oder doch auf irgendwelche Unterstützung. Als er das Werk beendete, da war alle Hoffnung schon begraben, da philosophierte er bereits „mit dem Hammer", stellte seine Behauptungen hin wie ungeheure Blöcke, herrisch, unweigerlich, unumstößlich. Er hatte es aufgegeben, sie zu begründen. Die ganze Zeitspanne von 1883 bis 1889 (wo die unheilbare Geisteskrankheit ausbrach) zeigte eine noch nie gesehene, glühende Schöpfung unter dem Zwang der fortschreitenden Gehirnauflockerung. Dann: kurzes, schnelles Erlöschen. Was neben „Also sprach Zarathustra" herging, das waren (abgesehen von den Notizensammlungen und Aphorismen, zu dem immer nur geplanten und nur in Bruchstücken auf die Nachwelt gelangten Hauptwerk „Der Wille zur Macht") zunächst nichts als Erläuterungen: „Jenseits von Gut und Böse" (1886), noch in dem alten Aphorismenmonumentalstil; dann 1887 „Genealogie der Moral", der letzte Versuch streng wissenschaftlicher Beweisführung. Der Rest ward Feuerwerk. Selbstverbrennung … „Fall Wagner", „Götzendämmerung", „Antichrist", „Nietzsche contra Wagner", „Wie man mit dem Hammer philosophiert", „Ecce Homo" … alles das ist rasend hingehauen, wie der zu Tode verwundete Löwe noch einmal aufbrüllt und alles rundum niedermäht. Da waren unschätzbare Hölzer, Narden, Blüten, Edelsteine, die der todwunde Phönix, der Tausendjahrvogel, zusammentrug. Auf ihnen hat er sich selbst zu Aschen verbrannt.

Der Übermensch. Christus in Rosen

Warum nun gerade „Zarathustra"? Nietzsche glaubte, der alte parsische Religionsstifter, dessen Lebenszeit um frühestens 800, um spätestens 400 v. Chr. angenommen wird, habe den Gegensatz, an dem die Menschheit krankt, den Gegensatz „Gott-Teufel" durch seinen Licht- und Finsternismythos zuerst in die Welt gebracht. Zarathustra, der Alte, war Vater der Zahl zwei. Der wiedergeborne Zarathustra wird nun alle Sünde, Zweiheit und Gegensätzlichkeit überwinden dadurch, daß das Leben nicht mehr in den Dienst des Geistes tritt, sondern umgekehrt, der Geist betrachtet wird als ein Heil- und Kampfmittel im Dienst des Lebens. Flammte über der alten Philosophie das Wort: „Pereat vita, fiat veritas" (Erst Wahrheit, dann Leben); so wird über der neuen seine Umkehrung strahlen: „Pereat veritas, fiat vita" (Erst Leben, dann Wahrheit). Denn wenn die Zeit gekommen ist, wo sich das Wissen der Menschheit gegen das Leben kehrt, dann wird es Zeit, daß sich das Lebendige in uns endlich empört gegen die menschliche Wissenschaft. Diese Stunde aber ist da. Es ist die Stunde des großen „Weltmittages", wo die Sonne am höchsten und der Schatten am kürzesten ist. Der Schatten, den der Wanderer, die Menschheit, hinter sich wirft, das sind ihre Religionen, Fiktionen und Illusionen. Sie sind im Schwinden begriffen. Zuletzt bleibt uns nichts als der Dienst des vorurteilslosen Lebens. Alle bisherige Religion aber war Dienst am kranken, verwundeten, fehlerhaften Leben. Welcher Art Vorbilder denn errichtete das Christentum? Schon seine Wahrzeichen, Kreuz, Märtyrer, Anbetung des Grabes und der Wunden, beweisen, daß es sich immer handelte um Lichter, die aus dem Leiden brechen, um die Kunst, aus den Quälgeistern der Menschheit neue Quellgeister zu machen. Ubi fei, ibi mel (Wo Honig fließt, da fließt Galle). Ubi onus, ibi sonus (Wo das Leid, da wächst das Lied). Ja wahrhaftig! „worlds work is done by its invalids". Die Welt der menschlichen Werte ist,

wie die Perle, ein Krankheitsergebnis. Aber diese
Auferhöhung und Verklärung des in irgendeinem Sinn
gebrochenen und brüchigen Lebens hat zu einem
Mißratenheitshochmut geführt, ja zu einer Diktatur von
seiten der Schwächlichen und Anbrüchigen über die Starken
und Gesunden, zu jenem „supercilium stoicum", jenem
Leidensdünkel, welchen die letzten stolzen Römer an dem
anbrechenden Christenreich verspotteten, diesem Reich der
aufbegehrenden Sklavenseelen deren moralinsaure Pflicht
Bissigkeit nur die Ungenüge an sich selbst versteckt. Diese
Tyrannei der Mühseligen und Beladenen, diese Ethik des
Neides, der Abgunst und der Rache muß überwunden
werden. Wie in Goethes wunderlichem Fragment „Die
Geheimnisse" gewahrsagt wird von einer Dornenkrone, aus
welcher plötzlich neue Rosen brechen, so soll aus Christus
künftig der Dionysos, der von trunkenen Mänaden
zerrissene, frisch erstehen. Für dieses neubeginnliche
Lebensideal, welches Nietzsche dem Ziel- und Hochbild des
durch Leiden zu Gott und Göttlichkeit hinangequälten und
emporgeprügelten Menschenelends entgegenstemmt, prägt
er nun das zur Mode gewordene Wort Übermensch. Die
Eigenschaften dieses Übermenschen sind ihm selber
durchaus nicht klar. Sein Traum bleibt ein Zwielichttraum.
Zuweilen blitzt der Gedanke auf, daß grade der Stärkste,
Freieste, Lebendigste sich freiwillig wieder zum Opfer
machen muß, indem er die Leiden der minder
Vollkommenen auf sich nimmt und sich verpflichtet fühlt,
das zu tragen, was zu ertragen andere zu schwach, zu klein
oder zu feige sind. So hatten denn die deutschen Theologen
gerade mit dem Übermenschen ein leichtes Spiel. Sie
konnten mit einigem Recht in vieler Büchern

daraufhinweisen: „Nietzsches Sehnsucht nach dem Übermenschen ist ja gerade die sich selbst nicht verstehende Sehnsucht nach Christus. Denn der Christus, wie wir ihn denken, ist genau wie der Übermensch: ein ritterlicher, arischer, soldatischer, edelmännischer Christus. Der Christus des ‚Heliand‘, ein alter Herzog und Krieger." Freilich trägt Nietzsches Übermensch viele Masken. Gelegentlich erscheint er in der Larve bestimmter historischer Gestillten, des Julius Cäsar, Cesare Borgia, Robespiere, Napoleon, und hat oft auch herrische, grausame (bisweilen weibische) Züge. Ganz sicher ist nur eines: der Übermensch soll gedacht werden als die Rechtfertigung des Menschendaseins und des Daseins seiner gräßlichen, aus Blut, Schweiß, Galle und Tränen auftauchenden Weltgeschichte. Der Natur soll ein Wertmaß und Wertgipfel gesetzt werden; anschaulich und für die Sinne erreichbar. Menschenkultur soll nichts sein als der Umschweif der Natur, um schließlich zum Übermenschen hinzugelangen. Es kommt dabei nicht darauf an, in wie vielen Exemplaren dies Höchstmaß des Lebens erragt wird. Es kommt nur darauf an, daß überhaupt ein Äußerstes an Lebensschönheit, Lebensverinnerlichung, Lebensvollendung erreicht wird, bevor man sprechen kann: „Daß dieser einmal da war, daß er möglich war, darum lohnte sich das ganze betrübliche Erdtrauerspiel." Darum eben darf der Übermensch keine Entschmerzlichung, Entwirrung und Verannehmlichung des Lebens bringen. Er darf nicht wie Buddhismus und Christentum das Leben schlaffer, glücklicher, schmerzfreier machen wollen. Im Gegenteil, er möge in Feuer und Schwert, als Geißel und Rute, er möge in Kriegen und Revolutionen über die Menschheit daherbrausen, wofern nur Verbrechen und

Sünden, Laster und Bosheiten die Steine sind, daran wir uns schleifen; Steine, die wir zu Stufen nützen, um höher zu steigen zum letztmöglichen Größen- und Schönheitswert. Dieser wird nie erreicht, indem wir irgendein positiv Lebendiges abtöten und unterdrücken. Grausamkeit, Herrschsucht, Habsucht, Wollust, Neid sind zur Erhöhung des Lebens genau so notwendig wie Demut und Nächstenliebe. Nicht Überwindung, Triebabschwächung, Triebverarmung, Entsinnlichung predigt die neue Lebensreligion. Nicht asketische, buddhistische, christlich pessimistische oder irgendwie transzendente jenseitige Ziele. Sie predigt: Züchtet die Erde empor zum Übermenschen, zur Blüte des Lebens; ganz gleich mit welchen Mitteln. Das Ziel heiligt und ist heilig. So baut Nietzsche auf die Übermenschenreligion eine Eugenik, d.h. eine Zuchtlehre von den die Menschenrassen veredelnden Zuchtmitteln und eine Entwicklungsmoral von praktischer Nüchternheit und Zielsetzung.

Weib und Liebe

Wie Platos Dialog über den Staat, die Liebe, die Ehe, das Weib in den Dienst großer Aufzuchtsideale stellt („Die stärksten Männer sollen mit den schönsten Frauen die bestgeborenen Kinder zeugen. Der Staat soll diese Kinder nach Rassengesichtspunkten auswählen und aufziehen"), so kündet auch Zarathustra ein neues, dem Zufall und der Willkür entzogenes Gesundheits- und Schönheitsgewissen. Wer unbefangenen Auges die Sittlichkeitsgedanken Europas durchmustert (diese ewigen Gegenspiele von Eros und

Logos, Freiheit und Bindung, Wollust und Geist), der könnte wohl auf den Verdacht kommen, daß hinter all unsrer Moralität eine irgendwie zerbrochene und wurmstichige Geschlechtlichkeit brennt, indem die eine Hälfte der Zivilisationsmenschheit (insbesondere die Frauen der guten Gesellschaft) aus einer bis zur Hysterie verdrängten und niemals frei und wahr fühlenden Geschlechtssehnsucht heraus nach tausenderlei Rauschersatz hascht, während die andere Hälfte, die aus der bürgerlichen Bindung herausgesprungene oder herausgeschlichene, unter solcher Übermenge geschlechtlicher Anreize und lüsterner Spielereien lebt, daß auch für sie eine wahrhaft lebenvereinheitlichende, lebenausfüllende Leidenschaft völlig unmöglich wurde. In Millionen kurzatmiger Abenteuer verspielen und zersplittern wir die Gewalt der Herzen und die Kraft des Geistes. Es ist nun merkwürdig genug, daß der Schrei nach Freiheit in der Regel von denen ausgestoßen wird, die gar nicht Gefahr laufen, am Geschlechtsdämon zu verbluten, während dagegen gerade die lax und bindungslos lebende Gesellschaft Europas sich als Behüter der Tugend aufspielt, wahrscheinlich darum, weil sie spürt, daß sie, ohne die ungeheure Lüge Monogamie, in sich selber weder ein Muß noch ein Maß trägt; nicht Treue, nicht Schönheit. Nietzsche nun ist vor allem andern der strenge Ethiker der Zucht. Und grade als solcher entschleiert er alle selbstquälerisch entsagende Ideologik. Aber man darf nicht vergessen, daß Nietzsche während der Frühzeit seines Lebens durchaus von Jungfräulichkeit- und Keuschheitsidealen erfüllt war, in den Jahren der Reife aber so voll war des philosophischen Eros und zudem durch eine fortschreitende Kränklichkeit so gebunden war, daß geschlechtliche Erfahrungen und Träume kaum je an seinen Kräften sogen. Nicht daß er eine ungeschlechtliche Natur gewesen wäre. Aber so viel ist gewiß: die weiberfeindlichen Aussprüche Zarathustras (die das Genus immer nur als Genuß kennen und das Weib als einen Besitzwert, als Hübschding, Liebding, aber jedenfalls als Ding), sie fließen nicht wie bei Byron, Euripides, Schopenhauer, Strindberg aus Ingrimm der Leidenschaft, die zu hassen vorgibt, weil sie nicht eingestehen kann, in wie hohem Maße sie gezwungen ist, zu lieben. Vollends entsteigt Nietzsches mit der Peitsche knallende Männlichkeit nie der Angst vor der eignen Triebstärke. Er war eine mädchenhaft zarte, feinbesaitete Seele, mehr zum Freunde der Frauen als zum Liebhaber und Beherrscher bestimmt. Dazu hatte er an Adele Schopenhauer, Malvida von Meysenbug, Lou Salomé Typen der geistigen Frau vor Augen, die weder den Kameraden ausfüllen, noch den Erotiker reizen konnten. Man darf mithin Nietzsches Lehren über Weib und Liebe (die eine ganze Literatur hervorriefen) nicht allzu feierlich nehmen. Sie sind nüchtern und traumlos, denn sie sind Ausdruck einer kühl ausgeglichenen, in sich eingesponnenen Natur, die weder Himmel noch Hölle der Geschlechtsliebe kannte.

Letzter Mensch. Höherer Mensch

Kein Zug lag im Wesen Nietzsches, den er nicht vorsichtig und verschwiegen, halb mit Absicht, halb wie im Traume, in seinen Zarathustra hineingeheimnißt hätte. Bevor er aber die Reden Zarathustras niederschrieb, schickte er dem Werke voraus eine schamhaft verklausulte „Vorrede", die nichts anderes ist als einerseits die Beichte seines bisherigen Lebensganges, andererseits die vorweggenommene Verteidigung wider alles, was sich gegen die neue Lebensreligion einwenden ließe. — Zarathustra, der einst „seine Aschen zu Berge trug", ist nach langen Jahren der Einsamkeit bereit, sein Feuer in die Täler zu tragen. Er möchte loskommen von der Selbstgenügsamkeit seiner Herrenmoral. Er möchte ein sozial arbeitender Mensch werden, sich hingeben und sich aufgeben. Und nun schildert die Vorrede seinen Zusammenbruch. Dem vom Berge herabsteigenden, der ein Volkserzieher werden möchte, kommen warnend die zwei Lehrer seiner Jugend entgegen. Vor dem Zusammenbruch Schopenhauer (in der Gestalt des glückseligen Eremiten). Nach dem Zusammenbruch Dühring (in der Gestalt des galligen Eremiten). Beides sind Typen einer eigenbezüglich-massenfeindlichen Eigenbrödelei. (Mit Schopenhauer und Dühring hatte Nietzsche in jenem Zeitpunkt gebrochen und abgerechnet, wenn auch in verschiedenem Sinne.) Vor allem aber tritt dem zum Volke herabgestiegenen Zarathustra sein eigener Doppelgänger entgegen, jene Verwechslung, die jedem Genius droht, der nicht auf öffentliches Wirken verzichtet: der „Mann nach dem Herzen des Volkes", der Schaumschläger, die Leithammelberühmtheit. Sie ist es, auf die das Volk eingestellt ist und auf die es wartet. Nur ein einziger ist noch stärker als der Tagesberühmte, nämlich der vollendet Rücksichtslose (eben der Doppelgänger des Zarathustraideals, der „Affe des Ideals"). Mit diesen beiden Gattungen möchte Nietzsche nicht verwechselt werden. Nicht mit dem Seiltänzer und nicht mit dem dreisten Übertrumpfer des Seiltänzers. Und doch hält das Volk den

Zarathustra bei seinem ersten Auftreten sofort für einen bloßen Vorläufer und Ankünder der ihm allein verständlichen Art von „großen Männern", für den Herold eines neuen Seiltänzers. Was aber Zarathustra lehrt und verkündet: „der Übermensch", das wird sofort mit der Rauhbeinmoral des Ellenbogenstarken verwechselt . ..

Schon in dieser „Vorrede" wird somit klar, daß Nietzsche vor nichts mehr Scheu hat als vor der Verwechslung seiner Übermenschenlehre mit dem Rohlingsideal einer muskelfesten Machtmoral. Lieber noch möchte er dienen einer „Autorität des Marktes" (dem „großen Mann", welchem das Volk zujubelt, solange er vor ihm seiltanzt, den aber alles Volk sofort vergißt, sobald er durch einen noch frecheren gestürzt ist). Nur die „Totengräber vor den Pforten der Stadt zur bunten Kuh" (Nietzsche meint damit die Historiker und Philologen) weihen der gestürzten und somit auch vergessenen Größe ihre lieblosen, besserwissenden und hämisch auswertenden Nachrufe und Beurteilungen. Aber dem Zarathustra droht noch Schlimmeres, als daß ihn das Volk für den Ausrufer eines Seiltänzers hält, oder als daß es seinen „Übermenschen" mit einem nur Rücksichtslosen verwechselt. Das Ekelhafteste, was Nietzsche kennt: der letzte Mensch, diese Gipfelblüte der Bildungs- und Betriebsmenschheit unsres Abendlandes (ein schlechthin unsterbliches Symbol für alle Nützlichkeits-, Zivilisations- und Glückseligkeitsethik), wird vom Volke dem heroischen Zielbild des Übermenschen vorgezogen. So gewinnt Zarathustra die bittere Gewißheit, daß er niemals verständlich werden kann für „lange Ohren". (In den Kapiteln von den „Zwei Königen" und im „Eselsfest" erscheint das Volk unter der Gestalt des lenksamen, immer

Jasagenden und doch dumm störrischen Esels.) Zarathustra, von allen verschmäht, hält zuletzt nichts im Arm als — die Leiche des gestürzten Volksheros. Und nun zeigt sich, daß er der einzige ist, der dem Gestürzten gerecht werden kann, der einzige ehrfürchtige Bewahrer und Verehrer jener Größe, die das Volk vergißt, sobald ein erfolgreicherer Seiltänzer in Mode kommt. Diese Erfahrung treibt Zarathustra aufs neue in Einsamkeit. Und er nimmt von diesem ersten mißglückten Versuche zu Volks- und Lebensreform nur die eine Gewißheit mit, daß er nur wirken kann für wenige, nur für die „adeligsten Typen unter den Gegenwärtigen", welche Nietzsche (halb ironisch) „die höheren Menschen" nennt. Die Zerrissenheit und Lebensgebrochenheit dieser höheren Menschen ist die große Mitleidsgefahr des Zarathustra ...

Ich begnüge mich hier mit diesen kurzen Andeutungen über den Inhalt der sehr gewundenen, verschnörkelten „Vorrede", und tue es auch nur darum, weil diese Vorrede sehr schwer verständlich ist und bisher niemals völlig verstanden wurde. Ihr folgen die wundervollen Reden, welche Zarathustra an die „höheren Menschen" richtet. Das Vorbild dieser Reden sind einmal die Worte Christi an seine Jünger (wie denn auch Gleichnisse und Bilder aus dem neuen Testament, nicht ohne Hohnabsicht, nachgebildet werden). Sodann aber schweben als Vorbilder vor: die Reden Buddhas, welche durch die niemals genug zu rühmende Lebenstat Karl Eugen Neumanns zu jener Zeit meisterhaft eingedeutscht wurden. Für die Gestalten der „höheren Menschen", welchen die Rolle der zwölf Apostel zugedacht ward, entlehnte Nietzsche das Antlitz von den hervorragendsten seiner Zeitgenossen. Auch dieser Zusammenhang ist von den bisherigen Erklärern nicht klar gesehen worden (obwohl er in „Schopenhauer—Wagner—Nietzsche" schon vor zwanzig Jahren ganz scharf geklärt ward). Nietzsche schuf sich mit dieser Art „Schlüsselroman" die Gelegenheit, alle bedeutenden Erscheinungen seiner Tage auszuwerten und ihre Hinter- und Untergründe ins helle Licht zu stellen. Da ist zunächst „der alte Wahrsager", welcher immer seufzt und immer recht behält, aber zuletzt von Zarathustra bekehrt wird. Mit dieser Gestalt ist Schopenhauer gemeint. Dagegen erscheint Wagner in der Gestalt des „alten Zauberers", eines Blenders, der die Seelen überwältigt, indem er das Genie spielt,

für das er sich dennoch im Herzen des Herzens als unzulänglich empfindet. Der „Gewissenhafte des Geistes", der sein Leben der Erforschung des Blutegelgehirns widmet, dieser selbstquälerische und sich künstlich verengende Sklave moderner „Wissenschaftlichkeit", ist Darwin. Der „schäumende Narr", welcher innerhalb der modernen Kultur wohnen bleibt, um über sie toben und belfern zu können, ist Dühring. Die übrigen „höheren Menschen", welche Zarathustra sozusagen als „eugenisches Baumaterial" aufsammelt und zu Vätern und Müttern des künftigen Übermenschen bestimmt, tragen weniger persönliche und mehr schulmäßige Züge. So insbesondere „der letzte Papst", der sich über Gottes Tod nicht trösten kann, weil er als Priester, (d. h. als Beschirmer alles „Dekadenten"), davon überzeugt ist, daß Gott als Arznei nötig sei, um „in Unschuld lügen" und mit heilsamer Narkose die Störungen des Lebens übertäuben zu können. Neben ihm erscheint der „häßlichste Mensch", welcher Gott durch seinen Anblick gemordet hat, weil sein Stolz es nicht ertrug, daß ein Zeuge von so viel geheimgehaltener Menschenhäßlichkeit lebe (wohl die feinste

Seelendeutung eines bestimmten Einsiedlertums wie eines bestimmten Atheismus). „Gott aber starb am Mitleid über diesen Menschen." Da sind ferner die beiden Könige, welche nicht mehr Könige sein wollen, weil sie verlernt haben zu befehlen und im Zeitalter der Demokratie — zu viel „soziale Tugend" angenommen haben. Der „freiwillige Bettler", der aus Ekel vor Europas übertünchter Höflichkeit sein Genügen bei den Kühen auf der Weide sucht, trägt zum Teil die Züge Rousseaus, zum anderen Teil schon diejenigen Tolstois.

Für besonders genial halte ich die gespenstige Gestalt des „Schattens", dieses unzertrennlichen Begleiters und Nachdenkers des Zarathustra. Bei ihm möge man an die Typen moderner Publizistik denken, von denen Nietzsche besonders Stendhal und Taine vorschwebten, geniale Grenzenlose, die aus allen Töpfen naschen, hinter allen Öfen sich wärmen, alles wollen, alles können, aber immer nur als Spiegel, voller Sehnsucht nach einem Glauben, einem Wahne, der wie ein Gefängnis Abschluß und Sicherheit verleiht. Mit diesen wunderlichen Weggesellen feiert Zarathustra eine grausige Parodie auf das heilige Abendmahl und verkündet ihnen um Mitternacht in der schweigsamsten Stunde, wo die Tageswoge des Bewußtseins und das leidlose Traum- und Bildmeer jenseits des Bewußtseins ineinander überfließen, seine beiden großen Kerngedanken, den Tagesgedanken: die nahende Geburt des Übermenschen in der Stunde des „kürzesten Schattens" und den Nachtgedanken: die ewige Wiederkehr des Gleichen ... Wir werden im folgenden sehen, daß diese beiden in Nietzsches Geist miteinander ringenden Gedanken, der ethische und der kosmische, unvereinbar blieben und daß an ihrem Gegensatz und Widerspruch Nietzsches Denken zerbrach.

Seinswert und Tatwert

Die zahllosen Zweiheiten, in die der Philosoph sich verstrickt fand (Nachtwelt und Tagwelt; Unendliches und Endliches; Ruhe und Bewegung; Sein und Werden; Es und Ich; Außermenschliches und Menschliches), sie alle schienen ihm einzumünden in einen ganz neuen und folgeschweren Gegensatz innerhalb des Menschlich-Wirklichen. Wozu leben wir?... Um schön zu sein oder um schön zu handeln? Schiller schon hatte das oft wiederholte Epigramm geprägt: „Der edle Mensch zahlt mit dem, was er leistet; aber der vornehme Mensch zahlt mit dem, was er ist." Dieser Gegensatz von Sein und Leistung begann Nietzsches Denken unablässig zu beschäftigen. Und es war in der Tat eine mächtige und folgenschwere Entdeckung, daß Nietzsche bemerkte, wie alle Leistungen der Menschen, ihre Werke, Werte und Worte, sehr häufig nur auf Kosten ihres Seins und Wesens zustande kommen, ja, daß sie wohl auch Rechtfertigungen, Ausheilungsversuche, ideale Selbstprojektionen und geheime Machtbestrebungen offenbaren können, so daß sich erkranktes Sein, durchlöchertes Wesen durch Werk und Leistung verpanzert, ausgleicht, belügt, ja unsichtbar macht. Es wäre daher verkehrt, aus der Natur der Werke ohne weiteres auf die Natur der das Werk tragenden Seelen zu schließen. Wer auf dem grauenhaften Jahrmarkt des menschlichen Gestrebes sich genügend umgesehen hat unter denen, die sich

„Schaffende" nennen, und Kunst, Kultur, Wissenschaft, Erziehung, wenn nicht gar „Entwicklung des Menschengeschlechts" oder „Fortschritt der Menschheit" zu verwalten wähnen, der weiß, daß sich an die großen Ideen gerade die brüchigen Naturen hängen, und daß kaum je ein wahrerer Satz gesprochen wurde als der Satz Buddhas: „Unheilbar in der eigenen Haut wird's allgemeine Wohl erwählt" ... Das Zeitalter Nietzsches war nun aber das Zeitalter jener gräßlichen Stufen- und Periodizitätslehren der deutschen Geschichtsphilosophen, jener dürren, dürftigen Lehren, welche Geschichte der Staaten, Nationen und Kulturen vorstellen nach dem Muster eines natürlichen Organismus, als ein Aufkeimen, Blühen und schließliches Absterben. Es war für diese Art Geschichtsphilosophie kennzeichnend, daß sie sich einkleidete in die Maske des Schauens und Anschauens von Natur; während doch in Wahrheit hinter ihr stand der selbstgerechte und machtwillige Geist unsrer deutschen Begriffsmathematik. Die Verkündiger eines angeblichen „Entwicklungsprozesses" oder „Geschichtsprozesses" waren durchweg Männer von jenem lauten, willensstarken, überredenden Gepräge, der in der deutschen und englischen Erwerbswelt durchaus der herrschende geworden ist. Männer, denen nichts ferner lag als das sinnige Träumertum natureingewachsener Weltschau, ja die eigentlich zu Tun und Tat, nicht zu Betrachtung und Erkenntnis geboren schienen. Zuletzt tritt denn auch immer dieser Tatwille, in Form irgendwelcher nationaler oder klassenbedingter Forderungen und Aufforderungen aus der vermeintlich objektiven Weltschau hervor. Mit Fichte und Hegel begannen diese deutschen Menschheitsorakeleien. Bei Treitschke, Lagarde, Eucken, Troeltsch lebt genau dieselbe, im Grunde blinde, ja geradezu erbarmungslose Herrschsucht logisch-ethischen Geistes. Sie scheint zu gipfeln in Persönlichkeiten wie Hartmann, Chamberlain, Spengler, denjenigen deutschen Gestalten, denen wir jede Herrschgewalt und Allmacht des Wirkens wünschten, wenn sie nur das stille, demütige Reich der Kamenen nicht mit dem wilden Gebrüll all ihrer menschlichen Vorurteile erfüllten.

Unter alle diesen Entwicklungs- und Stufentheorien der Geschichte war nun zu Nietzsches Zeit die nahezu tolle „Dreistufenlehre" August Comtes am berühmtesten geworden. Nach der Comteschen Lehre soll der Mensch sowohl als Einzelner wie als Gruppe (sowohl „onto- wie phyllogenetisch") drei Stufen, die mythologische, metaphysische und positive zu durchlaufen haben, wobei die dritte, die sogenannte positive, d. h. die Stufe moderner europäischer Wissenschaft, die allerhöchste und sozusagen eine letzte Erfüllung des Naturablaufes ist. Diesen machtwilligen Gedankengang griff Nietzsche auf und verknüpfte ihn mit seiner Lehre vom Gegensatz der Leistungs- und Seinswerte. Halb spöttisch, halb im Ernst läßt er Zarathustra als erste Verkündigung an seine auserwählte Jüngerschar die neue „Dreistufenlehre" vortragen. Der Mensch ist zunächst Kamel. Das soll heißen: die Tugend des Anfangs ist eine opferwillige, tragbereite Tugend, ist Moral aus dem Geiste Kants, welche nur das Schwerfallende, nur das wider die natürliche Neigung und nur das „um der Pflicht willen" Geleistete gut nennt. Dann aber kommt eine zweite Stufe, auf welcher der Mensch zum Löwen wird. Das heißt zum Umstürzler und Anarchisten. Er zerreißt die Ketten, er bekämpft den Drachen „Du sollst". Er zweifelt und bezweifelt. Er lehnt sich auf gegen Überlieferung und Obrigkeit. Aber auch dies ist nicht das Letzte. Das Letzte ist: das Kind. Das heißt: ein Zustand nicht mehr wollender, nicht mehr tuender, reiner Lebensschau. Die durch Denken und Wollen hindurchgegangene Schlichtheit der höchsten Reife; Natur in höherer Steigerung. Diesen Gedanken der Entwicklung zu neuer Kindschaft hin wiederholt Nietzsche ins Endlose. Der Held der Zukunft ist der unfeierliche Held. Wahre Größe ist wiedergewonnene Kindheit. Alles höchste Leben zeigt das Wesensbild der Pflanze: Ruhe, Beschlossenheit und Unschuld. Aus dieser seinsgeschlossenen Einstellung heraus wird fortan alles Laute, Absichtliche, Gespannte und Größenwillige für Nietzsche verdächtig. Daraus erklärt sich seine langsam wachsende Abneigung gegen „Pathetiker und Emphatiker", gegen Naturen gleich Schiller, Herder, Kant, Wagner, aber auch gleich Dante, Pascal oder Carlyle. Und wie man immer am ungerechtesten über den Standpunkt urteilt, den man gestern noch selber verteidigte, und wie man am heftigsten solche Eigenschaften ablehnt, von denen man sich selber nicht ganz frei fühlt, so verpönt auch Nietzsche jenes Menschheitsbesserertum und jene schwellende Sittlichkeitsbegeisterung, aus denen ja gerade auch sein eigener, vierspännig dahersausender Stil so viel mächtige Sturmkraft empfängt.

Aus diesem Willen zum Gegenich steigt Nietzsches tiefe Liebe für Goethe; eine heimwehtiefe Zuneigung zu Adalbert Stifter und Gottfried Keller und die starke Vorliebe für Musik als der einzigen Kunst, der sittliches Wollen fehlt; auch für alle kindliche, naive Lyrik. So wird ihm denn das Ideal „Übermensch" zum Ausdruck alles höchsten, irdischen

Seins, dem keinerlei Tätigkeits-, Nützlichkeits- und Leistungswert mehr anhaftet. Damit aber wird die „Ethik" (die ja zuletzt immer in Praktik mündet) völlig aufgegeben. Der gewöhnliche Sterbliche (so fordert Nietzsche) soll die Rechtfertigung seines Lebens darin finden, daß er dazu beitrug, daß so etwas Schönes wie der Übermensch auf Erden gedeihen kann. Ob dieser Übermensch für Menschen nützlich, bequem, beglückend ist, ob er menschliches Leiden mindert oder menschliche Lasten mehrt, das ist gleichgültig. Auch darauf kommt es nicht an, ob viele oder ob wenige, oder ob nur einer die höchste Übermenschenstufe erreicht. Nur daß das Höchste, daß die Vollendung erreicht werde, ist Ziel der Umwertung. In diesem Sinn ist auch der so viel mißdeutete Satz zu verstehen: „Strebe ich denn nach meinem Glücke, ich strebe nach meinem Werke." Er bezieht sich keineswegs auf irgendeine Ethik des Tuns und Arbeitens. „Werk" des Übermenschen ist nur Ausdruck seines höchsten Seins und Soseins ... Ich glaube, daß diese ins Künstlerische, Ästhetische und Religiöse umschlagende Ethik den einzig möglichen Sinn alles Ethischen ganz und gar verkennt. Hier lebt im Grunde genau dieselbe Abneigung gegen Glück und Freude wie im Christentum, oder wie in der praktischen Philosophie des „deutschen Idealismus". Jede Sittlichkeit, welche Leidensminderung und Glück (sei es das eigene, sei es das der anderen, sei es Gesamtheits-, sei es Einzelglück) als Lebensziel verwirft, mündet in das von Nietzsche bekämpfte, alles Leben hinnehmende Fatum. Die Forderung, nach dem „Werke" und nicht nach der Freude zu trachten, ist völlig sinnlos. Denn abgesehen davon, daß Glücklichsein und

Wachstum eines vorgesehenen Werkes für die tätige Natur zusammenfällt, müßte man doch wohl erst erfragen, ob denn das Werk wirklich die Erfüllung des Ich ist und nicht auch unter Umständen die Selbstpreisgabe, ja das Opfer des Selbst erfordert.

Auch gegenüber dem Übermenschen kann diese verpönte moralistische Frage nicht verstummen. Woran eigentlich soll man erkennen, daß ein Wesen übermenschlicher Natur ist, wofern seine Göttlichkeit anderes Leben als Piedestal benötigt, ja sogar (wie Nietzsche will) auf Kosten der „Vielzuvielen" und auf den Trümmern ihres Kleinleuteglücks sich entfaltet? Und wie kann denn überhaupt das Lamm die Geburt des Raubtiers wünschen, wofern diese ihr nicht hilft, sondern nur ihr Schafsdasein vernichtet. Die Wahrheit ist: Nietzsche steht hier vor einem ungelösten, vielleicht nicht lösbaren Rätsel. Er sitzt in einer Begriffsfalle. Schuld daran aber ist der Umstand, daß auch er von den vielen Zweiheitsspielen modernen Begrifflertums sich narren läßt, von den philosophischen Scheingegensätzen wie Sozialismus - Individualismus, Altruismus - Egoismus, Kommunismus - Anarchismus und dergleichen Wortklopfereien mehr. Solche Gegensätze kennt wohl unser naturlos gewordenes Denken, nicht aber die lebende Natur. In der Natur pflegt das am schönsten und glücklichsten geratene Einzelexemplar immer auch am reinsten den Genius seiner Gattung zum Ausdruck zu bringen. In der Natur pflegt immer derjenige, der nur seinem eigensten, tiefsten Instinkte treu ist, damit auch das zu tun, was im Grunde (vielleicht ohne daß sie es im Augenblick wissen) alle wollen. Und so dürfte denn der abseitigste und besondersartige Einzelne immer zugleich auch der umfassendste und für die gesamte Gattung symbolische sein. Dazu kommt dieses: Verknüpfen und Teilen ist derselbe Akt. All das moderne Gerede über vermeintliche Gegensätze von Atomisierung und Synthese ist dialektischer Unfug. Ja, Nietzsches ganzer vermeintlicher Antikommunismus und Antisozialismus, all sein scheinbarer Personalismus und Individualismus fließen nur aus einem von ihm noch nicht durchschauten Begriffstruge. Daß aber der Philosoph in diese unlösbare Zwickmühle hineingeriet, in diese moderne Zwickmühle: Seinswert contra Leistungswert, Schönheit contra Arbeit, Ästhetisch-Religiöses contra Moralisch-Soziales, das dürfen wir ihm nicht zum Vorwurf machen, dürfen es nicht einmal als einen Mangel des Systems betrachten. Denn hier handelt es sich um letztes Erlebnis. Dieser Zwiespalt liegt eben im Element des Lebens selbst, inwofern dieses (wohlgemerkt) nicht mehr unbewußtes Element, sondern in Bewußtheit eingetretenes Leben ist. Wir könnten sehr leicht diese selbe unlösbare Zwieheit (die in der Logik zum Ausdruck kommt in der Beziehungsnatur von Substanz und Funktion, von Identität und Kausalität) auf den allerverschiedensten Gebieten aufweisen. Hier tritt uns wieder einmal vor Augen die große Spannung, dank deren eine bewußte Welt eben da ist; die große Spannung, deren Ausgleichung das Leben dieser Welt ausmacht. Die Spannung: Pflanze—Tier, Asien—Europa, Wille—Vorstellung, Mann—Weib, bis hinab in das tagtägliche Spiel aktueller Parteien und Antriebe, deren Spannung und Entspannung unsere Gegenwart unterheizt. Haben wir denn nicht Nietzsches Doppelmoral von Sein und Leisten überall vor Augen, wo eine Gruppe Menschen nach rechts oder nach links auseinandertritt? Immer zeigt die Rechte die schönere Gestalt, die bessere Haltung, das Haben, den Besitz und die Muße. Immer die Linke die bewegtere Seele, das höher gesteckte Ziel, die Leistung, die Opferkraft und die Arbeit.

Unser Zeitalter hat in Philosophie und Wissenschaft wunderliche Mißgebilde gezeugt, die klar uns vor Augen stellen die volle Unmöglichkeit, das Seiende ohne ein Strömendes, den Fluß ohne ein Ruhendes vorzustellen. Als klassische Beispiele nenne ich aus der deutschen Philosophie die physikalische Lehre von Ernst Mach, die psychologische von Wilhelm Wundt. Beide Denker lebten in jener Periode wissenschaftlichen Dünkels, die eine Art Haß erzeugte gegen alles, was man „Metaphysik" nannte. Exakt, wissenschaftlich, streng empirisch, das waren die höchsten Lobworte jenes Zeitalters.

Und so kam man dazu, alles Substanziale aufdröseln zu wollen in reine Funktion oder Aktivität. Man scheute schließlich nicht mehr zurück vor den unmöglichsten Begriffsdichtungen, wie etwa vor dem Ungedanken eines reinen, energetischen Prozesses ohne eine zugrunde liegende ruhige Kraft. Man wähnte, es lasse sich eine reine Bewegung denken ohne ein Etwas, woran diese Bewegung vor sich gehe. Es lasse sich ein seelisches Leben denken ohne Seele, und ein Weltprozeß ohne Götter. Kurz, die ganze immer rechnende, immer zwecksinnige Tätigkeitssucht des Europageistes kam darin zum Ausdruck, daß auch unser Weltbild energetisch, dynamisch, aktivistisch, funktionalistisch wurde. „Bewegung ohne Bewegungsträger", das ist, wie wenn jemand behaupten wollte: „Es gibt zwar Reiter, aber es gibt keine Pferde." Nietzsches so folgeschwer gewordener Gegensatz von Seins- und Leistungswert ist nur ein Sonderfall des menschlichen Denkzwangs, ästhetisches Leben und moralisches Tun, kontemplatives Schauen von Gestalt und tätiges Erbauen von Form, Gelebtes und Gewußtes, in Eines erfahren zu müssen, da der Mensch die Welt in dieser doppelten Weise beständig hat. Nein! da der Mensch in dieser doppelten Weise beständig ist.

Ewige Wiederkehr

Zuletzt drehten sich alle Rätsel Nietzsches um ein einziges Rätsel, um das Rätsel Zeit. Was ist Zeit? Das, was lebt, kann nicht nur innerhalb der Zeit sein. Schon darum nicht, weil man das lineare Zeitkontinuum messen, zählen und zerlegen kann; Lebendiges aber ebensowenig teilbar, d. h. analysierbar ist, als zusammensetzbar (synthetisierbar) aus Teilen. Man kann das Verhältnis der Zeit zum „Lebenselement" am besten erfassen durch einen Hinweis auf Musik; nämlich durch den Hinweis auf das Verhältnis des rhythmischen Melodiestroms zur Harmonie. Der rhythmische Strom wird erst dadurch faßbar, daß wir ihn in den Zahlenbann des Taktes schlagen, aber dieses Fesselwerk ist darum doch keineswegs das Rhythmische selber. So wie die Bewegungskurve, welche ein Schiff beschreibt, das ich einen Fluß entlang von Schleuse zu Schleuse schiebe, zwar das Bild der lebendig strömenden Wasser darstellt, keineswegs aber lebender Strom ist, so scheint mir sämtliche Bewegung, das Nacheinander in der Zeit wie das Nebeneinander im Raume, immer nur Gleichnis des Lebens zu sein. Leben aber braucht darum, weil wir es immer nur als Bewegung erfahren und erfassen können, keineswegs auch seinem Wesen nach bewegt zu sein. Das Lebendige kann (eben darum, weil es nicht in der Zeit und vielleicht nicht einmal bewegt ist) auch keine Geschichte haben. Daß wir aber alles Leben im denkenden Bewußtsein nur als Bewegung erfassen, ist für uns Menschen das „Mittel", um das Lebenselement (an Hand einer normativen, logomathischen Vernunftsphäre) als Bewußtseinswirklichkeit, d. h. als Gegenstandswelt nachschaffen zu können. Wir denken uns alles Leben als zeitliche Bewegungsfolge, die wir in Differentiale zerlegen, aus Differentialen integrieren können. Aber ist denn die Gegenstandswelt (soweit sie nicht als Gestalt „geahmt" wird) überhaupt lebendig?

Der Grundgedanke aller meiner philosophischen Schriften war und ist immer wieder dieser: „Unsere Welt in Raum und Zeit, mitsamt Geschichte, Fortschritt, Entwicklung, ist — Mechanik" ...

Nichts ist erstaunlicher, nichts schrecklicher als dies: daß die mechanistische Natur aller Bewußtseinswelt dem europäisch-amerikanisch-australischen Betriebsmenschengeschlechte bereits so ganz und gar entgeht, daß es unmöglich ward, diesem heutigen Wirklichkeitsmenschen noch fühlbar zu machen, daß er die gesamte „Welt" eben doppelt hat: „lebendig" als durch „Ahmung" (Einsfühlung) gelebten Bildtraumreigen (brähma-vidya); „im Bewußtsein" als eine „Welt" von Gegenständen und Formen, welche durchaus menschliche Schöpfung, d. h. Artefakte (Kunsterzeugnisse) sind. Diese meine Erkenntnis fand noch kein Ohr. Und warum? Weil die gesamte gegenwärtige, als Idealismus, Kritizisimus, Phänomenologie bezeichnete Philosophie zur bloßen Schulangelegenheit geworden ist. Nichts davon ging über in das tagtägliche Lebensgefühl, auch nicht in das Lebensgefühl derer, die diese Schulangelegenheiten betreiben. Denn mag der Logiker noch so scharf darlegen, daß Zeit die Anschauungsform empirischen Denkens sei, mag der Mathematiker noch so klar beweisen, daß Zeit ein Beziehungsbegriff sei, mag der Physiker noch so überzeugend künden, daß Newtons „absolute Zeit" für die neue Mechanik nicht mehr bestehe; im alltäglichen Leben leben sie alle, auch Logiker, Mathematiker, Physiker, genau so, als ob die große, abendländische Irrlehre: Weltgeschichte, Menschheitsentwicklung, Kulturprozeß, Fortschritt nicht die menschliche Sinngebung, sondern Tatbestand zeugender Natur wäre ...

Nun ist aber „Zeit" immer nur zu denken als ein Voranbewegen, ja der Gedanke des rückwärts fließenden Stroms dürfte wohl der unmöglichste aller Gedanken sein, und so liegt in dem Historismus des Zeitaberglaubens auch schon immer jene optimistische Hoffnungs- und Erwartungsseligkeit, welche den Aberglauben an die zeitliche Natur alles Lebens dem Abendlande so teuer macht. Es dürfte indessen klar sein, daß man die historische Entwicklung einer angenommenen Gesamtmenschheit auch noch unter anderen Gleichnisformen als unter den drei Dimensionen, der Linie, des Netzes oder des Baumes vorstellen kann. Man könnte die Bewegung der vermeintlichen „Weltgeschichte" auch als Wellenlinie, d. h. als unaufhörliches Auf und Ab derselben Zustände, man könnte sie ferner als eine Pyramide mit ganz breiter Naturbasis und ganz ätherischer Zielspitze sich vorstellen. Für Nietzsche aber wurde es zur Entdeckung, daß man das menschliche Geschichtsschicksal in der Zeit wohl auch als einen Ring, als unaufhörlichen Kreislauf sich ausmalen kann. Er faßte diesen Gedanken wahrscheinlich im Anschluß an bestimmte logische Darlegungen Eugen Dührings. Dieser hatte ein Gesetz für Erfahrungswissen aufgestellt, welches er als „Gesetz der endlichen Anzahl" bezeichnete. Dühring behauptete, daß das menschliche Denkvermögen Vorgangsfolgen immer nur erklären könne aus einer endlichen Anzahl zugrunde liegender Elemente. Man kann im Raum wohl übergreifen auf neue Räume; man kann zu einem geschlossenen System immer neue Quanten hinzunehmen, man kann jede Gattung Atome aufgebaut denken aus immer neuen Untergattungen; aber man kann doch immer nur mit endlichem Raum, endlicher Gesamtmasse, endlicher Anzahl rechnen, oder anders gesagt, die Vorstellung der zu Ende gelaufenen Unendlichkeit oder einer unendlichen Menge aller Mengen wäre Mißgedanke. Diese Darlegung nun über die unentrinnbare Endlichkeit des Weltinhalts verschmolz Nietzsches Genius mit dem Gedanken an die Unabsolvierbarkeit der Zeit; und so drängte sich ihm die Forderung auf, daß bei einem notgedrungen endlichen Inhalt in einer notgedrungen endlosen Zeit alle nur möglichen Verknüpfungen irgendwann schon einmal dagewesen sein müßten und irgendwann auch einmal wiederkehrten. Es ist schwer zu ergründen, warum bei Nietzsche grade dieser Gedanke, der dann schließlich zum Zusammenbruch seines kühngebauten Weltgefüges geführt hat, in seiner allerletzten Schaffenszeit von seinem ganzen Denken so zäh und fest Besitz ergriff. Zunächst drängte sich dieser Gedanke vielleicht darum so übergewaltig auf, weil ihm die Energie des Grauenhaften, ja des Widerwärtigen innewohnt. Sodann paßte die ungeheure Hoffnungslosigkeit des Kreislaufgedankens auch dem Immoralisten, welcher alle jenseitigen Ziele, das buddhistische Nirwana wie das christliche Himmelreich völlig verwarf und den Menschen festknebeln wollte an das unmittelbare Jetzt und Hier. Er ergriff somit die Verkündigung des ewigen Kreislaufs als Waffe gegen die Lehren von einem letzten Weltzweck und Weltziel und als das beste Mittel, den Menschen ein für allemal alles Gefrage nach einem Sinn jenseits ihres unmittelbaren Lebens und jenseits der unmittelbaren Bestgestaltung des Gegebenen abzugewöhnen. Damit aber geriet nun Nietzsche in eine ganz verhängnisvolle Sackgasse! Abgesehen davon, daß es für jeden Menschen schlechthin unerträglich sein dürfte, sich vorzustellen, daß er seinen persönlichen Lebenslauf zweimal, dreimal, nein unzählige Male ohne Aussicht auf irgendeine Abänderung, Erhöhung, Besserung, Erlösung immer wieder unverändert durchlaufen muß, abgesehen davon, daß für den leidenden, auch an sich selber, an seinen Grenzen und Schwächen leidenden Menschen dieser Gedanke doppelt unerträglich ist — wäre denn nicht auch mit der ewigen Wiederkehr des Gleichen die ganze Predigt vom Übermenschen, ja alle sittenhohe Forderung und Wertung schlechthin nutzlos und überflüssig geworden? Wozu denn überhaupt das Reich des Übermenschen anstreben, wenn nach erreichter Gipfelblüte doch immer wieder das Absinken ins Überwundene und Verworfene erfolgt, und der ganze ziellose Zirkel von neuem anhebt? Nietzsche spürte deutlich, daß durch die neue Lehre die alte Verkündigung des Übermenschen eigentlich hinfällig geworden sei. Wir können seinen Seelenkampf in seinem Hauptwerk „Also sprach

Zarathustra" deutlich wahrnehmen. Die beiden ersten Bücher sind durchaus auf die alte biologische Übermenschen- und Aufzuchtsethik eingestellt. Zwischen ihnen und den beiden letzten Büchern liegt aber offenbar eine Zeitspanne, in welcher Nietzsches Gedankenwelt sich um und um wandelte. Nur in gequälter, künstlicher Weise wird an der Übermenschenethik noch festgehalten, während das Evangelium der Wiederkehr nun der eigentliche Inhalt seiner neuen Lehre geworden ist. Zwischen diesen beiden ganz verschiedenen Teilen steht das Kapitel „Die stillste Stunde": ein Niederschlag äußerster Seelenqual. Man kann aber nicht sagen, daß Zarathustra jemals mit seinem neuen Evangelium logisch fertig wird. Es ergeht ihm wie dem Hirten, dem im Schlafe eine Schlange in den Hals kroch. „Beiß zu, beiß zu", schreit Zarathustra. Und der Hirt speit den Kopf der Schlange von sich und lacht, geschüttelt von Grauen, das Lachen des Davongekommenen. Aber das ist kein herzensfreies, kein seelenklares Lachen ...

Es kommt hier nicht darauf an, ob der Gedanke der Wiederkehr wahr ist. Er ist zweifellos wahr, wenn er nichts anderes besagt, als daß eine rhythmische Beständigkeit alles Leben durchpulst, mithin immer nur Gestaltenwandel, niemals aber ein Übergang ins Nichts möglich sei. Er ist zweifellos unwahr, wenn er besagen will, daß eine einmal dagewesene Weltlagerung und Sternenkunde als genau dieselbe wiederkehren könne; da ja, selbst dann, wenn die Zahl der Umwandlungen und Verlagerungen des Weltinhalts begrenzt wäre, in allem jeweils Gegenwärtigen auch alles jemals Gewesene mitgegenwärtig sein würde, mithin also auch schon durch bloße Vermehrung der Umlaufsanzahl jeder wiederkehrende Inhalt ein innerlich anderer geworden

wäre; das „zweitemal" ist immer anders als das „erstemal",
bloß darum, weil es eben das „zweitemal" ist. Aber diese
ganze Frage nach der Haltbarkeit oder Unhaltbarkeit des
Wiederkehrglaubens ist belanglos für seine Wirkung auf
Nietzsches Sittenlehre und auf Nietzsche, den Sittenlehrer.
Zarathustra wollte ja ursprünglich nicht eine neue
Kosmogonik lehren, sondern eine neue Sittlichkeit, eine
„Umwertung aller Werte". Hier aber war er nun just auf den
Punkt gestoßen, an welchem alle Sittlichkeit schlechthin
unmöglich wird. Ich möchte hier nicht behaupten, daß
Nietzsche an dem Gedanken der Ewigen Wiederkehr
zugrunde gegangen sei; aber ich möchte behaupten, daß ein
Geist wie dieser nicht an „übermäßigem Gebrauch von
Chloralhydrat", sondern von der Seele her erloschen ist. So
viel ist gewiß: der letzte Gedanke Nietzsches ist die geistige
Kehrseite seines Zusammenbruchs, jener Undeckbarkeit von
Wissen und Leben, daran er strandete. Ihn ergriff ein
Schauder ähnlich dem Entsetzen, das uns ergreifen müßte,
wenn aus einem Spiegel plötzlich unser Spiegelbild starr,
unwandelbar uns entgegenträte, oder wenn unser eigener
Doppelgänger versteinert jede unsrer Taten uns vor Augen
brächte. Dann fühlen wir uns festgeronnen im Gegebenen.
Der Mensch lebt als Mensch einzig von der Spannung
zwischen Leben und Wahrheit, von der Forderung, die aus
dem Lebenselement herausgetretene Sphäre der Idee am
Leben und ins Lebendige hinein als Bewußtseinswirklichkeit
neu zu verwirklichen. Einheit wäre Tod!

Der gebundenste, züchtigste Mensch endet somit als
Gedanken Wüstling. Wie der indische Derwisch drehte sich
die Gedankenekstase immer nur im Kreise und wieder im
Kreise, bis der arme Menschenleib verbraucht war. Er hat

sich zu Tode zergliedert. Nichts bleibt übrig aus den seltensten Entzückungen zartester Gefühlstöne, aus unermeßlichem Sprachreichtum, aus Formkleinodien und später Kunst der deutschen Laute als eine bodenlos plumpe Tatsachenwahrheit: dieser elende Verzicht auf Sinn, Zweck, Ziel, Ende und Wert, auf Helfen und Heldentum, auf jegliches Wollen. Denn die schlechthinnige Bejahung des Gegebenen und Wirklichen und seines ewigen Kreislaufes ist nichts anderes als Selbstmord. Alles das, was im Gefühl wahr und echt ist, das wird „objektiv" unwahr und ungerecht. Oder umgekehrt: das objektiv Seiende zerstört jede lebendige Schwebung und die Besonderheit jedes Eigenlebens. Wir sitzen in der Zwickmühle. Wenn mit der Vernichtung ihrer menschlich-ethischen Bedeutung auch die Welt in ihrem unfaßlichen, unzugänglichen Ansichsein nicht aufgehoben ist, unser Anteilnehmen an dem, was bleibt, ist sicherlich aufgehoben. Und damit unser Leben, unsre menschliche Lebenswelt. Es ist nun einmal so: der Mensch ist das „Bewußtseinstier", das heißt ein auswertendes, urteilendes Geschöpf. Nehmt ihm Logik und Ethik, so nehmt ihr ihm zwar nicht das Leben (im Gegenteil! Ihr erweckt ihn damit erst wieder zum wahren Leben!), aber zerstört ist: der Mensch. Dumpf, versteint, ohne Lust und selbst ohne Fähigkeit zu einem Schmerze, beugen wir uns vor dem Ewigen: So ist es. So bleibt es. So soll es sein. „Ita est ergo ita sit." Die neueste Philosophie nennt diesen ihren Untergang: Pragmatismus. Jeder hat recht, so lange er lebt, und ist er tot, dann ist er eben ausgemerzt. Nur Erfolg behält recht, und Held ist, wer sich erhält. Wollen und Ziele der Menschen arbeiten nun nicht mehr am Seienden, sondern sind das allein Seiende. Dieser Tod ist das unvermeidliche

Ergebnis jeder Philosophie, welche die logisch-ethische Wertsphäre, d. h. die Sphäre reiner, schauender Vernunft wähnt „zurückführen" zu können auf etwas Biologisches oder auf etwas Psychologisches. Die bewußtseinswirkliche Welt, die äußere der Biologie, wie die innere der Psychologie, ist ja nur ein vermenschlichter Umbau des Lebenselements an Hand der niemals wirklichen, immer nur wahren, logomatischen Vernunftnorm. Es wäre ein großer Irrtum (der Irrtum der gegenwärtigen Wissenschaft), Biotisches mit Biologischem, Psychisches mit Psychologischem gleichzusetzen. Auch Nietzsche wurde ein Opfer der durch und durch irrtümlichen modernen Lebensmetaphysik (jener schiefen Metaphysik, die gegenwärtig durch Henri Bergson zu so weitem Einfluß gelangte), jener Lebensphilosophie mit ihrem doppelten Irrtum, einmal aus der bewußtseins wirklichen Welt, die ja doch selber nur in das Leben hineingebaut ist, etwas Lebendiges, Bewußtseinsjenseitiges denkend herleiten zu wollen, und sodann gar die Sphäre des Vernunftwahren, nach deren Norm eine Wirklichkeit zustande kommt, für etwas selber „Wirkliches", ja gar „Lebendiges" zu halten.

Umwertung aller Werte

Da angesichts eines zwecklosen Kreislaufs alles Seins die menschliche Weltgeschichte und ihre gradlinige Bewegung auf irgendein Endziel hin zusammenstürzt, so stürzt mithin auch Nietzsches ganze Umwertung aller Werte zusammen. Man kann sie freilich immer noch der Menschheit anbefehlen; aber man wird darauf verzichten müssen, diesen

Befehl irgendwie logisch zu begründen. Indem Zarathustra zuguterletzt alles segnet, alles für notwendig hält und nur noch das „amor fati" predigt, die Karmaliebe, die in Bausch und Bogen alle Leiden, alle Seligkeit, alles Recht und alles Unrecht auf ewig in die Arme schließt, da bleibt ihm zur Begründung einer menschlichen Sitte und Ordnung überhaupt kein Leitgesetz mehr übrig als einzig ein gewalthaberisches: Ich will es, ich befehle es. In der ganzen Geschichte menschlichen Grübelns hat sich wohl nie so klar gezeigt, daß der Verzicht auf ein lebenüberwindendes Endziel eben auch Verzicht ist auf jegliches Lebensziel, oder anders gesagt, daß ein anderes als verneinendes Ziel der Menschengeschichte völlig unmöglich ist. Wer das Gegebene als notwendig hinnimmt, der hat damit aufgehört zu hoffen und zu streben. — Es versteht sich von selbst, daß die urteilende und wertende, die logische und ethische Weltbetrachtung keineswegs die einzige Art Weltschau ist. Sie ist nur diejenige, die dem Leben gegenübersteht, also nicht mehr Leben ist und sich in nichts Lebendiges einfühlt. Sie ist die Weltschau des Menschen, insofern dieser als geistiges Wesen aus der Bildertraumwelt heraustritt. Vom außermenschlichen, kosmischen, panischen Standpunkt (wofern dieser für uns möglich wäre) haben Weltbeurteilen und Weltverbessernwollen, haben Wahrheit und Gerechtigkeit überhaupt keinen Sinn. Wenn wir aber einmal dem Schöpferischen selbst schöpferisch gegenübertreten, wenn wir einmal geistigen Wesens sind oder sein wollen, dann können wir nicht anders als „die Ordnung Gottes" ausspielen wider das Reich der Natur. Wir sind dann Feinde. Denn am Bau des Gottesreiches stirbt Natur. Das Naturelement selber, das Wir an Hand unsres Reiches der

Werte zu Wirklichkeit umbauen, ist nicht logischer, ist nicht ethischer Art. Man mag dieses Ursein lieben als Seligkeit und Ewigkeit. Aber dann verzichte man auf Urteil und Wille. Was uns aber zu Menschen macht, ist Urteil und Wille. Durch sie hoben wir uns als geistige Welt aus der Welt der Gestalt. Das Leben (vom Geiste aus gesehen) ist Wahn und Schuld. Wir müssen, insofern wir Geist sind, lebensfeindlich sein...

Ich weiß, daß nur wenige geneigt sind, über diese meine immer wiederholten Darlegungen nachzudenken. Man lehnt sie kurzerhand als pessimistisch, buddhistisch, christlich ab. Man verpönt sie mit irgendeinem Ekelwort und berauscht sich weiter an den blauen Dünsten: Kulturfortschritt, Menschheitsentwicklung, lebenbejahende Diesseitsreligion und all dergleichen Lügengeflitter. Aber sperrt euch, so lange ihr wollt, noch hundert Jahr oder tausend Jahr, zuletzt wird die älteste Wahrheit auch die letzte sein: Leben an sich hat keinerlei Ziele. Leben an sich kennt weder Lust noch Leid. Hat aber Leben Ziele (vom Geiste aus), sofort kehren sich diese Ziele gegen das Leben. Andere Ethik als lebenverneinende gibt es nicht. Andere Logik als lebenvernichtende ist nicht möglich. Logik und Ethik sind ein Umweg, um zurückzugelangen ins Sinnfreie und Maßlose. Man denke sich, ein Mensch wolle immer wach bleiben. Die Natur würde sich helfen und würde ihn in Irrsinn verfallen lassen, um auf diesem Umwege neuerdings einzumünden in den Schlaf- und Traumzustand, der dem Leben unerläßlich ist. Als einen solchen Umweg zum All und Nichts über den Irrsinn hat man die menschliche Logik und Ethik aufzufassen. Wir verdummen vermöge Wissenschaft; wir werden im selben Maße unlogisch, als Logik, unmoralisch, als Moral um sich greift... Ich möchte zum Schluß an ein Gleichnis für das hier Dargelegte erinnern, an gewisse Untersuchungen bei Protisten und Infusorien. Die Behauptung Weismanns, daß das Protoplasma aus sich selber ewig sei, ist offenkundig unrichtig. Jedes „Quantum Leben" geht zugrunde (indem die Zellteilung immer flauer wird), sofern die Berührung fehlt mit artfremder Substanz. Alles lebt in der Natur davon, daß es das Andere frißt. Nur an der Leiche beginnt der Magen sofort sich selber zu verdauen. So ist denn auch die Behauptung, „das Leben ist sich Selbstzweck", vollkommen leerlaufend. Mit der Beseitigung des Bruches zwischen Leben und Geist kommt das Leben zum Stillstand. Wollen wir zusammenfassend den Irrtum in Nietzsches Lehre noch einmal formulieren, so können wir ihn am klarsten kennzeichnen als die Unvereinbarkeit ethischer und kosmischer Weltschau, d. h. als die Unausgeglichenheit und Unausgleichbarkeit eines menschlichen und eines über- und außermenschlichen Gesichtspunkts. Es handelt sich um jenen berühmten Gegensatz, der in Indien Hinduismus und Buddhismus, in Europa Heidentum und Christentum auf immer voneinander trennt. Hindutum und Heidentum ist kosmisches, und mithin wertfreies Hinnehmen und Lieben alles Karma. Buddhismus und Christentum dagegen ist Ethik und mithin nicht Lebens-, sondern Erlösungslehre. Wenn Nietzsches Zarathustra selig in sich gefeit wäre gegen den Notschrei der Kreatur, gegen das Leiden der Welt, gegen den Ruf nach Gerechtigkeit, gegen den Wahn, helfen zu können und etwas ändern zu wollen, wenn er mit Schlange und Adler lebte zwischen Bergen und Meeren, Blume mit Blumen, Tier mit Tieren, nun wohl, so hätte sein großes Ja- und Amenlied die

Wahrheit alles Lebens. Nun aber tritt er unter Menschen, um ein Heiland zu werden und schon beginnt er zu lügen, denn er beginnt zu sprechen, und das heißt zu sondern und zu wählen, und damit scheitert seine kosmische Allseligkeit am Leiden der Welt und an der Forderung: Mindere das Leid! ...

Nietzsche wünschte die Umwertung aller Werte. Ach Gott, wer die Höllen der Jahre 1914 bis 1918 durchwandert hat, der weiß ohnehin, daß, sobald ein neuer Umsturz neue Fahnen und neue Gesinnungen bringt, und sobald die Notwendigkeit „Umwertung aller Werte" fordert, kein Ideal, kein Glaube, keine Überzeugung feststeht, sondern daß Vaterland, Staat, Freiheit des Selbst, Menschlichkeit, Weiblichkeit, feine Bildung, kurz alles, alles, was immer der Mensch mit Blut zu umfassen und zu besiegeln wähnt, sich wieder und immer wieder als Einbildung und Außenschmuck erweisen wird. Dauer hat immer nur die große Notforderung.

Sicher hat jeder nur — sein Leid. Dennoch ist die Forderung der Werte so allgemeingültig und so unbedingt wie Axiome der Mathematik. Denn Idealgesetze sind normative Gesetze, an Hand deren und dank deren wir unsre menschliche Bewußtseinswirklichkeit und ihre sogenannte Weltgeschichte erst zurechtrücken, rangieren, zusammenklittern und, sinnvoll auf bauen. Es sind Gesetze, mittels deren wir urteilen und werten. Wie aber sollte denn innerhalb der Wirklichkeit auffindbar sein die Summe der Bestimmungen, dank deren eine Wirklichkeit doch erst gemacht und gedacht wird? Diese Verwechslung (die Verwechslung rationaler Gesetze mit Wirklichkeitstatsachen) scheint mir Nietzsches oberster Irrtum zu sein. Der zweite Irrtum aber war, daß er die Akte des Werthaltens, also psychologische, reinmenschliche Tatsachen, verwechselte mit geschichtlich bedingten Wertinhalten, so daß also eine doppelte Vertauschung unterlief: die des Seelischen mit Tatsächlichem, die des Tatsächlichen mit dem Wahren. Die Neugier, wie die sachliche Welt im Menschenbewußtsein zustande kommt und in welchen Bedürfnissen, Ängsten, Schwächen, Nöten sie wurzelt, diese Neugier hat das Wasser abgegraben dem unbefangenen, nur der Sache zugewandten Forschen und Schauen. Ja, die Überwucherung des Begriffs- und Seelenanalytischen verrät einen machtwilligen Wunsch, zu verkleinern, zu verachten. Hier handelt es sich vielleicht nur um die höchste Verfeinerung, die letzte Gipfelung einer geselligen „médisance". Denn unsre naturlos selbstgerechte Gemeinschaft, die nicht mehr im Element gebunden ist, sondern die, wie eingemauert in Form und Kunst, blind vorüberlebt an der Gestaltenfülle der Lebensgebilde, an Pflanze, Tier, Wolke und Wind, immer wieder blickt sie, die wehmütige Meduse, in ihr eignes leiderstarrtes Antlitz.

Ecce Homo

Fern an brasilianischer Küste, in San Salvador, steht ein wundersamer Baum, ein Balsambaum, nach seinem ersten Nutznießer, dem Bankdirektor Pereira, „Toluifera Pereirae" genannt. Er liefert den edelsten südamerikanischen Exportartikel, welcher für jene Gegenden so wertvoll ist, daß ein weiter Landstrich nach ihm den Namen erhielt: costa del balsamo. Man behandelt diese vortrefflichen Bäume nach dem folgenden Rezept: In der Jugend beklopft und zerhämmert man ihre Rinde, diesen natürlichen

Schutzpanzer, bis sie endlich weich und locker wurde. Ist sie aber geweicht und gelockert, dann wird sie heruntergebrannt, so daß nun das Fleisch des Baumes, das rohe Mark, bloß und nackend daliegt. Jetzt aber müßte der Baum verbluten, wenn er nicht eine nützliche und schätzenswerte Schutzregelung sich erworben und ausgebildet hätte. Er hat nämlich die Fähigkeit, einen zähen, klebrigen Stoff auszuschwitzen. Der strömt alsbald aus allen Wunden, umzieht das Mark und bildet einen neuen, schützenden Panzer. Ohne diesen Akt der Selbstbewahrung wäre der bloßgelegte Stamm verloren. Aber er verteidigt sich eben, indem er diesen Balsam von sich gibt. Und dieser Balsam, dieser Leidens- und Krankheitsertrag der zerquälten und geschändeten Natur gilt als köstlich. Er duftet süß. Man kann ihn auf dem Weltmarkt teuer verkaufen. Sobald daher der neue Panzer vollendet ist, kommt der findige, griffige, geschäftekundige Mensch und schabt mit scharfem Messer das Harz wieder herunter. Denn es ist, wie gesagt, eine einträgliche Ausfuhrware und wird zu Haarölen, Pomaden, Familienseife, auch wohl von den Ärzten bei gewissen Hautkrankheiten erfolgreich und zu allgemeinem Nutzen verwendet. Man nennt es im Handel Perubalsam. Übrigens ist keineswegs gewiß, daß der Baum, welcher diesen Artikel liefert, die Toluifera Pereirae, an der Maßnahme des Abschabens immer zugrunde geht. Die meisten dieser Biiume sind staunenswert zähe. Sie sind in der Tat fähig, noch ein zweites, ja ein drittes und, wenn sie von Natur ganz besonders begnadet sind, oft bis an zehn Male sich mit ihrem duftendem Leidenspanzer zu umkleiden, der dann, immer wieder abgeschabt, zivilisatorisch verarbeitet und kulturell verhandelt wird. Diejenigen Bäume, die das am längsten aushalten, kommen in die nationale

Bildungsgeschichte, denn sie gelten als Genies ihrer Art und genießen beim Publikum jener Gegenden ein allgemeines, beifallfreudiges Wohlwollen. Im Durchschnitt geht eine Toluifera im Laufe von fünf bis zehn Jahren zugrunde, je nach dem Grade von Kraftaufwand, mit dem sie die künstliche Schutzpanzerbildung vornehmen und dabei ihre Lebenskraft verausgaben kann; ein schöpferischer Vorgang, der für das Wachstum des Baumes eigentlich unnütz, aber für die Industrie und Kultur notwendig, weil vorteilhaft ist, indem man durch fortwährendes kritisches Neuabkratzen, Betasten, Befingern und Reizen den Baum zu immer neuen Seelenergüssen zwingen und mithin langsam zu höchster Schönheit hinanquälen kann, bis seine Bluterfähigkeit sich erschöpfte ...

„Wer einen Einsiedler verletzt, der töte ihn auch." Weiß man, was es heißt, Einsiedler verletzen? Man greife fröhlich auf dem Kampfplatz des Tages jede Macht an. Immer wird mit ihr ein Kreis angegriffen, Grundsätzliches, Gültiges, das die Zugehörigen deckt. Wehe nur dem Einsamen, wehe dem Abseitsstehenden! Wer fühlt sich beleidigt, wenn man ihn beleidigt? Jeder hat seine Tribüne, um in die Öffentlichkeit flüchten und im Notfall sich wehren zu können, aber der ganz ungangbare, schwere Wege Gehende, der nur aus eignem Gewissen, im eignen Namen und ganz für die Sache Lebende ist wehrlos, man mag ihm öffentlich antun, was man will. Da findest du nun jahraus jahrein deinen Namen von den Talentdrohnen benagt, verheiratet mit bestimmten, immer wiederholten, herabwürdigenden Beiworten. Du weißt, wie falsch das ist, du weißt, wie verfratzt dein Bild ist in Spiegeln der Öffentlichkeit. Aber was tun? Einer redet dem anderen nach. Wer prüft? Wer kann prüfen? Die erleichternde Ökonomie der Kultur besteht eben darin, daß blutende Menschen gewandelt werden zu Lehrbuchparagraphen, und daß alle Seelen dingfest eingekäfigt werden mittels eines Stichworts und einer Formel. Da sitzt der Gestempelte nun in seiner Kasematte auf Lebenszeit, ohne Hoffnung auf Amnestie. Er ist eingefangen in das Stockhaus der Bildung. Je zarter, schwerer, tiefer seine Geisteswelt ist, um so weniger Möglichkeit besteht, daß je ein Erkennender komme. Man schweigt tot; aber nie aus böser Absicht. Es gibt keineswegs, wie Nietzsche behauptet, „eine Verschwörung der Talente gegen das Genie". Dazu sind Talente gegen das Genie viel zu gleichgültig.

Das Übergangen-Abgedrängt-Niegefördertwerden der Ungewöhnlichen oder Ungewohnten geschieht ganz in guten Treuen, in warmen, verbindlichen Formen. Man kann sie wirklich nicht mitverwenden. Echte Wahrheit aber ist so einfach, daß, wer sie hört, fest davon überzeugt ist: „Das wußt' ich schon lange"; und hat er es nicht gewußt, so hätte er es eines Tages sicher auch gefunden (wenn er es nicht — zufällig — bei dir gefunden hätte). Was also geschieht? Der einsame Denker wird unter der Hand nicht genannt, aber wird geplündert, und hieß es gestern paradox, morgen heißt es banal. Was willst du? Du hoffst auf Nachwelt? Narr! Nachwelt ist immer wiederholte Mitwelt. Die Zeit der Einsamen ist vorüber. In Amerika, Australien, bald auch in Europa sind Erscheinungen wie Goethe, Schopenhauer, Nietzsche schon unmöglich. Denn der Betrieb des Geistes ist so durchorganisiert, daß auch Wirkung, Ruhm, Erfolg Faktoren großer Rechenexempel geworden sind und zuletzt ihre Technologie haben werden. Die Frage lautet nicht mehr:

Was ist er? Die Frage lautet: Zu welcher Richtung gehört er? Welche Gruppe trägt ihn? Welche Machtzwecke nehmen an ihm Anteil? Welches Vorurteil hat ihn nötig? In diese absterbende, hoffnungslos kapitalistische Zweckwelt Europa—Amerika trat als letzter untergehender Sonnen-Erflieger ein völlig Vereinsamter, krank, vergrübelt, Frage nach Frage aufwühlend wie rollende Laven, dann wieder in sich selbst hineingetrieben und gleich dem vergifteten Ulrich Hutten „Kämpfer wider seine Zeit". Welche Macht, welche Partei, welche Klasse, welche Rasse, welches Volk trug ihn? Er schwebte wie der schon ausgeschiedene und nur noch schauende Geist über dem von Blut, Tränen, Galle und Schweiß schwellenden Menschenstrome. Und so langsam zu einsamster Größe hingemartert, trat wie bei Kleist, Hölderlin, Lenau die befreiende Katastrophe ein, mit der die Komödie des Ruhms zu beginnen pflegt.

Komödie des Ruhms

Was wissen wir von den Bedingungen geschichtlichen Ruhms? Sicher nur eines: daß die Bilder der Geschichte auch nicht das mindeste zu tun haben mit den ursprünglichen, in Geschichte wie in eine zweite Welt hineingeborenen Menschen. Denn die Phantasie und die Sehnsucht vieler bauen erst die Altäre und krönen dann zu Göttern oft Zulängliche, oft Unzulängliche. (Aber der einmal Gekrönte wächst im Bewußtsein der Nachwelt ins Zulängliche.) Man wird stets bemerken, daß nur solche Gestalten ins Pantheon der Geschichte kommen, die das freie Dichten der mythen- und legendenbildenden Massenphantasie zu erregen vermögen. Zuweilen nur infolge zufälliger Erfolge oder infolge der Massenhaftigkeit und Aufdringlichkeit ihrer Spuren, die nicht mehr zuläßt, daß man sie vergißt; zuweilen auch infolge des Enthusiasmus und der Fanatik eines wachsenden Anhangs. (Und ein halb verrückter Anhang ist besser als ein nüchterner, ein ganz verrückter besser als der nur halb verrückte.) Es ist auch gleichgültig, ob rasende Liebe oder rasender Neid, ob rasende Schmähsucht oder rasende Gerechtigkeit dich zur Geschichtsstatue meißelt. Lüge ist Geschichte immer. Und wie die Erde alle Stufen ihrer Bildung, alle Jahreszeiten, alle Weltalter immer gleichzeitig und immer allgegenwärtig lebt (die zeitliche Reihenfolge ist eine falsche Optik), so zeugt sie alles wieder, was je verging, und aus hundert Bonapartes, die nicht historisch wurden, aus hundert Goethes, die nicht zur Erfüllung kamen, oder von denen wir nichts wissen, wird immer nur ein einziger, oft zufälliger, in die Erinnerung des Menschengeschlechts aufgenommen, gleichsam Repräsentant für alle Ungekannten und eine feste Säule, an die nun der Mythos sich ranken, Sage und Märe, aus Leben und Wahrheit gemischt, eine „Wirklichkeit" erdichten mag. Denn die Tragödie der großen Menschen auf Erden ist durchaus nicht die Tragödie eines Menschen. Sogar das ist fraglich, ob Geschichte die wirklich Größten, Besten, Seltensten nennt und nennen kann; ob nicht, um ins Bewußtsein und Gedächtnis vieler zu geraten, immer grade ein Zuwenig notwendige Vorbedingung ist. Wie dem aber auch sei, in wenigen Fällen wohl lassen sich die Gefühle, Irrtümer, Sinn-Umstellungen, dank deren allmählich die geschichtliche Auferhöhung verklärend einsetzt, so klar verfolgen wie im Falle Nietzsches. Zunächst wurde die

Kunde von seinem tragischen Schicksal der erste Stoß, der weitere Kreise auf Nietzsches Schriften drängte; ähnlich wie der Pistolenschuß, mit dem Heinrich Kleist, Friedrich List, Otto Weininger ihr Leben beendeten, zum erstenmal für ihr Werk das Echo weckte. Sodann: Nietzsches Schriften, teils unverständlich, teils unverstanden, im Inhalt immer umstürzender, in der Form immer übersteigerter, mußten, sobald sie in die Hände weiter Leserkreise kamen, zu Spruch und Widerspruch aufregen. War das Genie? War das Wahnsinn? Es gab niemanden, den diese Schriften nicht zunächst verletzten, durchwühlten, beunruhigten. Alle diese Beweggründe aber waren noch nicht entscheidend, um aus Nietzsches Werk allmählich einen neuen Sturmherd aufwirbeln zu lassen. Der eigentliche Entbinder des Sturms war der bei jedem großen Erfolg einsetzende Fach- und Schrift-Gelehrtenneid. Man mag heute im „Nietzschearchiv" in Weimar diese Behauptungen nachprüfen. Die ganze Literatur der ersten fünf Jahre nach Nietzsches Zusammenbruch war noch durchaus auf den Abwehrton gestimmt. Damals kam die Mode auf, mit halb warnendem, halb wehmütigem Gestus von „dem unglücklichen Philosophen" zu sprechen, wobei man «sich natürlich beeilte, hinzuzusetzen, daß „er eigentlich doch wohl mehr ein Dichter als ein wissenschaftlicher Denker" gewesen sei. Man warnte wohlwollend die Jugend vor den Gefahren eines „schamlosen Iminoralismus". Man sprach mit dem Achselzucken des Bedauerns von „dem merkwürdigen Utopisten, der die Welt umändern wollte, aber leider im Wahnsinn enden mußte". Ich entsinne mich sehr genau an zahllose Äußerungen aus dem Munde der „führenden Geister" jener Tage, aus dem Munde von Eduard v.

Hartmann, Wilhelm Wundt, Theodor Lipps, Rudolf Eucken, Ernst Haeckel. Das war immer dieselbe selbstgerechte, ahnungslose Warnung gegen die Zeitmode, gegen den Modeunfug, gegen die Vergiftung der Jugend; genau so wie einige Jahre zuvor wider den Langbehnrummel, einige Jahre später wider den Spenglerspuk geredet und geschrieben wurde; ein Phänomen beleidigter Mißgunst, dank dessen die allmähliche Aufsaugung ins Geschichtliche grade erst beschleunigt wird. Denn die Verunglimpfung, die ein bedeutenderer Mensch erfährt, unterstreicht ja nun auch für das Bewußtsein seine Werte und macht den Widerspruch rege, zumal den der minder Kritischen und leichter Zugänglichen. Das ist zumal die Jugend, und sodann die Großmacht der immer zum Neuen und Aufregenden hingeneigten Tagesschreiber. Diese haben, genau wie im Falle Schopenhauers, den von der Fachphilosophie völlig Übergangenen der Wissenschaft allmählich aufgedrängt. Ich entsinne mich wie des ersten, so auch genau des zweiten Stadiums, in welchem die Abwehr allmählich überging in Würdigung. Genau dieselben „führenden Geister" begannen, sobald der Kaspar Hauser einmal ins Freie gelangt war, ähnlich wie bei allen zur vollbrachten Tat gewordenen Umstürzen und Machtwechselzufällen, sich mit der Tatsache abzufinden und an das Neue anzupassen. Man nennt dergleichen in Deutschland „Stellung nehmen" und „wohlwollend gegenüberstehn". Man begann sogar an den Universitäten „Nietzsche ernst zu nehmen". Man begann, da die Jugend dazu drängte, feiertäglich und gleichsam nebenher (man hat ja auch „allgemein bildende Interessen") ein „Kolleg über Zarathustra" zu lesen mit vorsichtigem Einerseits und Andrerseits, ja man begann (denn man will doch nicht hinter der „Kultur seines Zeitalters" Zurückbleiben), schon eine bescheidene Begeisterung zu verspüren; nicht als ob man damit die breite und leidenschaftliche Bekämpfung der ersten Jahre nach Nietzsches Erlöschen widerrufen hätte; o bewahre! Pflegt man denn, wenn ein Krieg ausbricht, noch die Vorkriegsliteratur zu kennen, und weiß man denn, wenn der Krieg zu Ende ist, etwa noch, was alles man während des Krieges orakelt hat? Man hat sich dann eben wieder einmal „fortentwickelt". Das heißt: man weiß nicht mehr, daß man gestern noch andrer Ansicht war oder zu sein glaubte.

Hatte man gestern Nietzsches Lebensdeutung aus Entartung, Wahnsinn, ja womöglich aus moralischer Verkommenheit erklärt, so fand man sie heute reizvoll, beachtenswert und eigenartig, und morgen schon altbacken, erledigt, an den Schuhsohlen abgelaufen. Dann kam das dritte Stadium, welches die „Historisierung" zu vollenden pflegt; ich möchte es das des Entschreckens, Anbürgerlichens und Verharmlosens nennen. Es kommen jedoch inmitten aller Anbiederei plötzliche kleine Entlarvungen vor, welche schrecklich offenbaren, daß das Ungewohnte immer doch nur das langsam Erzwungene ist. Ein solches entlarvendes Blitzlicht ist die Tatsache, daß Robert Mayer, den heute jedes Kind als den Entdecker des Gesetzes der Energieerhaltung schon auf der Schulbank ehren lernt, zunächst in eine Irrenanstalt gesperrt und in die Zwangsjacke gesteckt worden ist, während der ihn behandelnde Obermedizinalrat ihn verhöhnte und aufforderte, daß er seine Erkrankung an Größenwahn zugeben und seine „vermeintliche Entdeckung eines Naturgesetzes" als Hirngespinst anerkennen solle. Ein solches Blitzlicht ist auch die Tatsache, daß Friedrich Nietzsche — (alle Zuckerliebesgüsse, mit welchen späterhin die Schwester und die Freunde die Werke des Berühmtgewordenen übergossen haben, wischen nicht aus diesen Geschmack von Grauen und von Scham) — daß Friedrich Nietzsche zu Jena in einer Irrenklinik den Studenten als Demonstrationsfall vorgeführt wurde, wie seinerzeit in Hardens „Zukunft" dargetan wurde.

Es ist überhaupt eine merkwürdige Wahrnehmung, daß die Stimmung bei Nietzsches Freunden (eigentlich nur mit Ausnahme von Peter Gast, der Nietzsches ihn hochtragende Verehrung mit voller Lebenshingabe dankte) zunächst nach dem Eintritt der Katastrophe und im ersten Aufdämmern seines Weltruhms minder wohlwollend und fast ein wenig gereizt wurde. So vermögen wir deutlich zu verfolgen, daß eigentlich alle diese Freunde (soweit sie selber literarisch schufen), daß z. B. Rée, Overbeck, Rohde, Deußen sich zunächst, ganz wie die erwähnten, die Jugend verwarnenden „führenden Geister", ein wenig von seiten der Weltgeschichte zurückgesetzt fühlten und sich darum bemühten, klarzulegen, daß sie doch auch „bedeutend", daß sie „ebenso bedeutend", ja daß sie eigentlich „noch bedeutender" seien; bis denn schließlich die Sonne des Nachruhms, alle Nebel verscheuchend, den ganzen Himmel übergoldet hatte. Da gab es keine Wenn und Aber mehr, da erblühten die vielen „Meine Erinnerungen an Friedrich Nietzsche", herausgeboren aus dem Wunsch, doch auch ein bißchen Anteil zu haben an dem Aufstieg ins Ewige und womöglich mit hineingebettet zu werden in den Ehrentotenschrein der Weltgeschichte. Dann aber kam das Allerwunderbarste: die allmähliche Aufnahme der

Problemwelt Friedrich Nietzsches in das tragende Zeitbewußtsein, auf dem Wege eines großen Verbilligens und, wenn ich ein grelles Wort brauchen darf: Zerniedlichens. Wenn ich sage, daß diese Zerniedlichung und Vergemütlichung der Märtyrertragik das eigentliche Werk der Schwester Nietzeschs gewesen ist, so will ich damit wahrlich nichts Absprechendes sagen; denn ich weiß, daß ohne dieses Begütigungs- und Angleichungswerk Nietzsches große geschichtliche Wirkung überhaupt nicht möglich gewesen wäre. In die Geschichte gelangt man nur dank liebenswürdiger Irrtümer. Dies aber muß gesagt sein (denn es ist die Absicht dieser Schrift, Nietzsches Aufgaben und Fragen neu zu durchbluten in ihrem ungeheuren Ernst und in ihrer ganzen verantwortlichen Schwere): das Bild, das dank Nietzschearchiv und Nietzscheliteratur allmählich zum geschichtlich herrschenden geworden ist, entwand dem Jupiter seinen toddrohenden Blitz. Er wurde familienmöglich, akademiefähig, universitätsreif. Seine schmerzlichsten Stunden, daran kaum das Wort rühren mag, sind heute schon „Diskussionsstoffe", seine erbarmungsloseste Wahrheit wurde schmackhaft für ein Lesepublikum, das im Geiste schließlich ja auch Mammute verdaut, wofern man nur nicht von ihm verlangt, daß es sich verändere. Alle Werke Nietzsches wurden in sehr wohlgemeinte Erläuterungen eingepackt, welche schließlich darauf hinauskommen, daß Fritz doch ein guter Mensch gewesen ist und ein so wohlmeinender, zartfühlender Sohn, Enkel, Neffe und Bruder; auch, obwohl er so ungeheure Gedanken schleudert, es doch gar nicht böse meint mit dem guten Menschengeschlecht, so daß das feinste Publikum ihn ruhig lesen kann am Teetisch, da es ja zuletzt doch nur

Gedrucktes ist und in Wahrheit gar nicht so schlimm, und er mit diesen Gedanken wohl auch Geheimrat hätte werden können ... Lieber Himmel! — Wie viele Gönner, Freunde, Jünger, Verehrer hatte er doch auf einmal, der Einsamste, nachdem er „Deutschlands größter Philosoph" geworden war; derselbe verlorene Mann, dem ein vornehm fühlender Fremder ein heimliches Geldgeschenk zustecken ließ, derselbe Mann, der seine Bücher auf schlechtestem Papier auf eigene Kosten drucken lassen mußte, weil sich zuletzt kein Verleger dafür mehr fand, derselbe, in herzzerreißenden Tönen um den Glauben neuer Freunde werbende Mann, um dessen tieferes Verstehen weder Lou Salomé noch Malvida Meysenbug, noch Elisabeth Förster, noch Erwin Rohde, noch Jakob Burkhardt, noch Franz Overbeck sich je ernsthaft bemüht hatten, bevor er zum europäischen Ereignis geworden war! Da freilich, als er machtlos, wehrlos zum Schoße der Vergangenheit zurücksank, da begann die Zeit für „Meine Erinnerungen", und er war für alle, alle „das große Ereignis meines Lebens".

Nun tranken die vielen vom Geiste Lebenden das Leben eines, der am Geiste starb. Jetzt freilich brauchte er nicht mehr auf armem Holzpapier Sehnsuchtsschreie nach neuen Freunden ins Wüste zu stoßen. Nietzsche in Saffian. Nietzsche auf Bütten. Nietzsche in Pergament. Nietzsche in Großoktav. Sein Werk und Nachlaß gehörte ihnen allen, den Geschmäcklern wie den Tüftlern, den Gourmets des Blutertums und den Industriellen des Gefühls, den Kommentatoren und den Großaktionären seines Geistes. Ganze Scharen von Schönlingen und Klüglingen machten sich an ihm wichtig. Ganze Scharen von Findigen und Pfiffigen bestritten mit ihm ihr Seelengeschäft. Die

Goldadern der noch nie betretenen, noch kaum erforschten Schachte wurden klug und gemächlich ausgemünzt zu den gängigsten Verkehrs- und Erwerbsmünzen unsrer Tage, und das Herzblut, das er blindwütig verspritzte, seine Brust auf reißend, ganze Scharen Doktoren, Literaten, Professoren füllten das nun ab auf Flaschen des Begriffs und bestritten damit so manchen Kulturausschank und so manches Symposion freier Geister. Er war auf seine kälteste Höhe entflogen. Sie aber sprangen ihm nach, sie krochen ihm nach. Denn immer stellt sich neben den Eroberer, der Blut seiner Wunden aussät, ein Tüchtigerer, der das nutzend erlistet, was jener erflog. Eine ganze Generation hat von ihm gelebt, schamlos genug, den Zeitlosen für die Zeit zu nutzen. Heute Luxusausgaben, morgen Liebhaberausgaben, übermorgen Volksausgaben und biblia pauperum. Man gab ihn heraus für Kriegsgebrauch und für Schulgebrauch, für Sozialisten und für Anarchisten, für Religiöse und für Irreligiöse. Und wo immer Macht, Name, Finanz, Titel waren, das „Nietzschearchiv" hatte für alle ein kluges und gewinnendes Wort, nur für die wenigen, die aus seinem Geiste lebten, für sie hatte es nie ein Wort ... Am 15. Oktober 1924 ist Friedrich Nietzsche achtzig Jahre alt geworden. Ich stelle mir vor, er käme wieder, noch geistesmächtiger, schöner, edler, stärker als er vor uns verblich; ich bin überzeugt: keine unsrer deutschen Universitäten duldete ihn auch nur als letzten ihrer „Privatdozenten für Philosophie", und keine von allen Leuchten deutschen Geistes, die den Historisch gewordenen feiern als Deutschlands größten Denker und stolzen Sprachmeister, hätte für den Lebenden besseren Dank und Gruß als man für ihn hatte, da er sich noch wehren konnte.

Wehren, auch gegen entwertende Liebe, auch gegen den wertlosen Ruhm.

Denn würde er heute sehen, wovon er nicht das mindeste ahnen konnte: die ungeheure Macht seines Worts und dessen Aufsaugung durch europäischen Zeitgeist, ich meine: er würde entweder reif und liebend lächeln in „fröhlicher Bosheit" wie zu einem Possenspiel der Welt, das ihn nichts angeht, oder er müßte sich schütteln, verzweifelt und in Ekel vor einer Welt, deren Ruhm ihn heute so wenig erhöhen kann, als ihn ehemals ihre Mißachtung erniedrigte ...

Tod

Am 28. August, an Goethes Geburtstag, wurde Friedrich Nietzsche, sechsundfünfzig Jahre alt, von der bescheidenen Schar seiner frühesten Jünger zu Grabe getragen. In dem kleinen Dorfe nahe bei Leipzig, in seinem Geburtsorte Röcken, legten sie ihn zwischen die Efeuhügel seiner Eltern, und bevor das Grab geschlossen wurde, trat aus dem stillen Gefolge ein fremder Student und brachte den Dank und die Grüße der neuen Jugend. Der „endgültige Zertrümmerer zweier christlicher Jahrtausende", der sich am liebsten „Antichrist" nannte, wurde an die weiße Mauer des Dorfkirchleins gebettet, darin einst sein Vater das Evangelium Pauli gepredigt hatte. Das Hirn, welches nach „Woher" und „Wofür" des ganzen Menschengeschlechtes grübelnd gesucht hatte, das Ohr, welches so gerne auf „die Musik des Südens" lauschte, das Auge, das am liebsten „an der Scheide zwischen Morgen- und Abendland auf den bleichen Schnee ferner Gletscher starrte" — nun gingen sie

ein in die ausgeödete, lehmige, allermißbrauchteste Erde
unsrer schweren, undankbaren Heimat. „Europas flachestes
Flachland" nahm sein Kind zurück. — Auf dieser trostlosen
Ebene Sachsens aber sind die großen Schlachten
abendländischer Geschichte geschlagen, die Kämpfe der
Reformation, des Dreißigjährigen, des Siebenjährigen und
des Befreiungskrieges gegen Napoleon. Kohlenschwaden,
Rauchwolken aus hundert und aber hundert Fabrikschloten
— diese Triumphfahnen des erd- und seelübermächtigenden
Menschheitsgeistes —, sie wandern über Nietzsches
nordisches Grab. Denn in dieser am dichtesten bevölkerten
Ebene, die nicht mehr Natur und noch nicht völlig ein
einziger großer Ameisenhaufe ist, wachsen heran in
Fronburgen, unter dem Gerassel der Maschinen, der
Zukunft proletarische Kampfgeschlechter, die, weit
fernwohnend von Nietzsches der breiten Arbeitsmenschheit
und ihrem ungeheuren Klassenkampf abgekehrter
Traumwelt, einst die ganze humane Bildung wie die ganze
christliche Überlieferung zu Trümmer schlagen werden. So
schläft Zarathustra, der Wiederkehr harrend, nicht inmitten
der waldumgürteten Alpen von Sils Maria, sondern umdroht
von Ziegeln und Industrien, am Rande des rußüberzogenen
Himmels von Leipzig. Das ist die Stadt, die aus Tausenden
Buchdruckmaschinen die Aschenlaven der bald zu Frevel
werdenden abendländischen Geistigkeit über die
menschenferne, weite Erde rollt. Dort ragt das Mausoleum
unsrer Vergangenheit, das Massengrab der deutschen
Bücherei. Auch diese Büchergewölbe sind Kohlenschachte,
künstliche Wärme, künstliche Helle gebend; Reste,
Niederschläge verlohter Sonne, verrauschte Sommer der
Seele. Das alles ist Erde, die schon Mensch ward, die schon

hineinstarb in Geist. „Dumm aus Logik, irrgeworden dank menschlicher Sittennorm, unwissend vermöge Wissenschaft" Wo blieb Heimat, wo lebendiges Element, wo Hoffnung, daß unser naturverwurzeltes, ins Kosmische einverschlungenes Leben nicht ganz verschüttet werden kann von dieser mit Kohle und bedrucktem Papier gefütterten Wachwelt des Bewußtseins? Hoffnung, daß das vorbewußt gestaltenzeugende Element nicht abstirbt an fortschreitender Verwirklichung, Verdinglichung, Vermenschlichung, an der großen Verameisung, Verköterung, Verschmeißung der Erde? ... Rübenfelder, Kartoffeläcker, Nutzgärten — sie geben stumme Antwort. Aber in der Mondlandschaft dieser Schlackenhalden aus Stein und Zement friert hie und da noch ein Streifchen Novemberwald. Kiefern, nichts als Kiefern. Der proletarische Baum, der mit seinen breit ausgestemmten Ellenbogen das Licht fortnimmt den edleren, aber anfälligeren Eichen, den guten, mütterlichen Buchen und den bacchischen Linden, die wie Fackeln brannten in Sommernächten voll Duft, Musik und Rausch. Und wenn hier ein Vogel baut, dann sind es die frechen, schilpernden Spatzen, oder die schäkernden, feisten Amseln in den Ziergärten allunterjochenden Reichtums. Und dennoch — an den Handelsstraßen und Dorfwegen um Nietzsches Grab wacht Deutschlands seelenvollster Baum, wacht die Birke. Das ist zwar nicht jene „schöne Seele des Südens", die er geliebt hat, nicht die Zypresse, „der Baum im vollen Licht", der seine Zweige immer streckt nach Süden, wo er auch wächst, immer nach Süden, und dessen Blätter dennoch sich abkehren vom Licht, erdezu, das schöne Symbol einer so lebewilligen wie sterbewilligen Sehnsucht. Schön und ewig ist auch Deutschlands Seele, die holde Birke, blond wie das Flachshaar unserer norddeutschen Kinder, zart und zäh wie die kleinen Konfirmanden, die in das Dorfkirchlein kommen, ahnungslos am Grabe Zarathustras vorbeispielend; die Birke, die das allerlieblichste Laub hat und die allerverletzlichste, schon an einer kleinen Wunde verblutende Rinde, und dennoch, nichts begehrend als eine Hand voll Heimaterde, Wurzeln schlägt in jedem armen Schotterhaufen und neu emporbricht selbst aus deutscher Gefängnismauer.

Die Erstausgabe erschien 1925 im Ullstein Verlag, Berlin.

Über den Autor

Theodor Lessing (* 8. Februar 1872 in Hannover; † 31. August 1933 in Marienbad, Tschechoslowakei) war ein deutsch-jüdischer Philosoph und politischer Publizist.

www.ingramcontent.com/pod-product-compliance
Lightning Source LLC
Chambersburg PA
CBHW031326040426
42443CB00005B/234